Louis Ferdinand Freiherr von Massenbach

Die Hohenzollern einst und jetzt

Die königliche Linie in Preußen

Die fürstliche Linie in Hohenzollern

17. überarbeitete und erweiterte Auflage
ISBN 3 – 9800373 – 0 – 4

© 2004 by Verlag Tradition und Leben
Am Stadtwald 75
53177 Bonn

Herstellung: DCM Druck Center Meckenheim GmbH & Co. KG
Umschlaggestaltung: Bernhard von Diest

Printed in Germany
www.verlagtraditionundleben.de
E-Mail: kontakt@verlagtraditionundleben.de

Inhaltsverzeichnis

Die schwäbischen Hohenzollern

Burg Hohenzollern

Die Burg Hohenzollern

Die Burg Hohenzollern in Hechingen ist der Stammsitz eines der ältesten Adelsgeschlechter Deutschlands. Die Hohenzollern kämpften über Jahrhunderte mit den Habsburgern um die Vormachtstellung in Deutschland. Beide Dynastien bestimmten maßgeblich die Geschicke Deutschlands und Europas.

Der Hohenzollern-Stammsitz liegt in Südwestdeutschland im Flußgebiet des Neckar, auf einem Vorberg der schwäbischen Alb. Erstmals wurde die Burg (Castro Czolre) 1267 urkundlich im Kopialbuch des Klosters Stetten bei Hechingen erwähnt. Die Burg diente vom 11. bis 15. Jahrhundert den Zollerngrafen als Wohnsitz. Über Aussehen, Umfang und Ausstattung dieser Festungsanlage ist wenig bekannt. In einer Straßburger Chronik wurde sie als das „vesteste Haus in teutschen Landen" gerühmt.

Zu Beginn des 15. Jahrhunderts kam es zu einem Erbstreit zwischen den Brüdern Eitelfriedrich I. und Friedrich XII. von Zollern, genannt „der Öttinger", der die schwäbischen Zollern entscheidend schwächen sollte. Aufgrund seiner zahlreichen Fehden und Raubzüge wurde über den „Öttinger" die Reichsacht verhängt. Dies hielt den streitbaren Grafen aber nicht davon ab, weiteres Unrecht zu begehen. So belagerte 1422 ein großes Heer, das sich aus Kontingenten von 18 schwäbischen Reichsstädten und des Hauses Württemberg zusammensetzte, die Zollernburg. Nach zehn Monaten gab die ausgehungerte Besatzung auf. Die Burg wurde komplett zerstört.

Der deutsche Kaiser Sigismund (1410-1437) bestimmte, daß weder **das** „*Sloz Czolre, noch der Berg zu ewigen tzeiten nymmerm gebawen, gemachet, gefestnet, noch von nyemand furgenommen oder ufgericht werden...sol.....Sunder dasselb Slosz und Berg sollen zu dem heiligen Riche als eyn gebrochen Rauphaus hören....*". **Sigismunds Nachfolger,** Kaiser Friedrich III. (1440-1493), hob 30 Jahre später das Verbot des Wiederaufbaus der Hohenzollern-Burg auf.

Jos Niklas, ein Neffe Graf Friedrichs, regierte von 1439 bis 1488 die Stammlande. Niklas legte am 25. Mai 1454 den Grundstein zum Bau der zweiten Burg im spätgotischen Stil. Schon sechs Jahre später war die Burg in ihren Hauptteilen vollendet. Sie war größer und wehrhafter als die erste. Nach den Stiftern, Kaiser Friedrich III., Albrecht Achilles Kurfürst von Brandenburg und Bischof Friedrich von Augsburg, wurden drei der Nordwesttürme benannt. 1461 wurde die im Südflügel errichtete St. Michaelskapelle eingeweiht, die als einziger Teil der zweiten Burg bis heute erhalten ist.

Während sich der Aufstieg der Hohenzollern vollzog, stand über der Burg kein guter Stern. Zu Beginn des Dreißigjährigen Krieges erhielt sie zusätzliche Befestigungsanlagen. In den Wirren des Krieges wechselte die Burg des öfteren den Besitzer. 1667 zeigte Österreich Interesse an der befestigten Anlage und sicherte sich durch vertraglich festgelegte Zahlungen das Öffnungsrecht und den Anspruch auf eine eigene Besatzung. 1771 kündigte Österreich den Vertrag auf; die Burg war für die Donaumonarchie bedeutungslos geworden.

In den darauffolgenden Jahrzehnten unterblieben notwendige Reparaturen, die Burg verfiel. Zu Beginn des 19.Jahrhunderts war sie nur noch eine Ruine. Nach einem Besuch am 16. Juli 1819 faßte der 23-jährige Kronprinz Friedrich Wilhelm von Preußen den Entschluß, die Anlage wieder herzustellen. Sein Vater, König Friedrich-Wilhelm III., bewilligt eine einmalige Zuwendung von 10 000 Talern. Dieses Geld sollte zur Bewahrung des Schlosses und der Wiederherstellung von Kapelle und Waffensaal dienen. Weitere Bauvorhaben hätten erheblich mehr Kapital erforderlich gemacht. Die Umbauten wurden dem badischen Hauptmann Friedrich Arnold übertragen. Nur das Zeughaus und die Kapelle blieben in der ursprünglichen Form erhalten; die Burg verwandelte Arnold endgültig in eine Ruine. Dieses Ergebnis war für alle Seiten unbefriedigend.

Bei den Bauarbeiten wurden 1836 die alten Fundamente eingehend untersucht. Dabei stellte sich heraus, wie auch schon bei den 1823 gefundenen drei Sandsteinplatten aus der katholischen St. Michaelskapelle, dass die mittelalterliche Burg für die damaligen Verhältnisse eine bedeutende und prächtig ausgestattete Festungsanlage war. 1844 schrieb der nunmehrige König Friedrich Wilhelm IV. in einem Brief: *„Die Erinnerung vom Jahre 19 ist mir ungemein lieblich und wie ein schöner Traum, zumal der Sonnenuntergang, den wir von einer der Schloßbastionen aus sahen,....Nun ist ein Jugendtraum – Wunsch, den Hohenzollern wieder bewohnbar gemacht zu sehen....“*

1846 wurde zwischen dem Fürsten Karl Anton von Hohenzollern-Hechingen und König Friedrich Wilhelm IV. ein Vertrag über den Neubau der Burg geschlossen. Mit der Durchführung wurde der Architekt Friedrich August Stüler (1800-1865) beauftragt. Stüler war der führende Baumeister der Berliner Architektenschule. 1847 wurde mit den Bauarbeiten begonnen, die revolutionären Ereignisse der Jahre 1848/49 führten zu einem vorübergehenden Baustopp; 1850 wurden die Bauarbeiten fortgesetzt, allerdings blieben die vorangegangenen Ereignisse von 1848/49 nicht ohne Einfluß auf die Baukonzeption. Eine Festungsanlage sollte entstehen, obwohl man sich im klaren war, daß die Burganlage im Kriegsfall keinen Schutz bieten würde. Es entstand dem romantischen Ideal der Zeit folgend eine der größten Burganlagen Deutschlands im neugotischen Baustil. Sie besteht aus dem vieltürmigen Hochschloß und den Wehranlagen. Diese sind von dem Festungsbaumeister von Prittwitz geschaffen worden und gehören zu den Meisterwerken der Kriegsbaukunst im 19. Jahrhundert. Ihre geschickte Verbindung mit den architektonischen Elementen von Stüler verleihen ihnen einen besonderen Reiz. Die gesamte Burg mußte um ein Stockwerk erhöht werden, damit eine Garnison von 100 Mann untergebracht werden konnte. Die Gesamtkosten für den Bau beliefen sich auf 283 500 Taler, von denen 31 000 auf den Fürsten von Hohenzollern entfielen.

Nach zwanzigjähriger Bauzeit wurde am 3. Oktober 1867 der Neubau vom preußischen Königspaar, vom Kronprinzen und dem Fürstenpaar Karl Anton von Hohenzollern-Sigmaringen feierlich eingeweiht.

Stolz grüßt vom Burgtor, zu dem drei Zugbrücken führen, die Devise des Kgl. Hausordens von Hohenzollern (gestiftet am 18.01.1851) von König Friedrich Wilhelm IV. aus Anlaß des 150. Jahrestages des preußischen Königtums) : „Vom Fels zum Meer". Den Besuchern bietet sich von den Bastionen ein beeindruckender Rundblick. Selbst Kaiser Wilhelm II. war davon so angetan, daß er bei seinem Besuch 1886 sagte: „Die Aussicht von der Burg Hohenzollern ist wahrlich eine Reise wert."

Erhebliche Schäden verursachte ein Erdbeben am 3. September 1978 an der Bausubstanz der Burg. Für die Wiederherstellung mussten die beiden Burgherren – Louis Ferdinand Prinz von Preußen und Friedrich Wilhelm Fürst von Hohenzollern – erhebliche Mittel zur Verfügung stellen.

Das geschichtliche Wirken des Hauses wird durch kostbare Erinnerungsstücke, die in der Schatzkammer und in den Räumen der Burg gezeigt werden, dokumentiert. Prinz Louis Ferdinand von Preußen hatte sich seit 1952 intensiv darum bemüht, wertvolle und historisch bedeutsame Objekte zur Geschichte Preußens auf die Burg zu holen.

Zu den Exponaten gehören die 1899 in diese Form gebrachte preußische Königskrone, die Kaiser Wilhelm II. nach Entwürfen seines Heraldikers Professor Emil Doepler d.J. anfertigen ließ. Ausgestellt werden ferner Degen des großen Kurfürsten und des Soldatenkönigs, wertvolle Tabakdosen, Flöten, Krückstöcke, Uniformen Friedrichs des Großen, Gebrauchsgegenstände und Orden der Königin Luise, Kaiser Wilhelms I. und Kaiser Wilhelms II. neben Gemälden namhafter Maler wie Honthorst, Pesne, von Werner, von Lenbach und Laszlo.

Auf der Burg fanden Friedrich der Große und sein Vater Friedrich Wilhelm I., deren Särge aus der Potsdamer Garnisonkirche vor der heranrückenden Roten Armee gerettet werden konnten, 1953 einen Platz in der evangelischen Christus-Kapelle, umgeben von den Fahnen und Standarten ihrer preußischen Regimenter. Jahrzehntelang war der damalige Chef des Hauses, Prinz Louis Ferdinand von Preußen, von dem Willen beseelt, nach einer Wiedervereinigung des geteilten Deutschlands die Särge wieder nach Potsdam zu bringen. Am 17. August 1991 – dem 205.Todestag von Friedrich dem Großen – fand die Überführung nach Potsdam statt. Friedrich der Große wurde seinem Wunsch gemäß um Mitternacht in der Gruft auf der obersten Terrasse von Schloß Sanssouci beigesetzt. Der Sarg seines Vaters steht im Mausoleum der Potsdamer Friedenskirche.

In der Burg Hohenzollern erinnern zudem an die zerstörten Stätten der ehemaligen Reichshauptstadt Berlin einige Bilder in der Schatzkammer und die beiden Bronzetorflügel der alten Kaiser-Wilhelm-Gedächtniskirche, die heute die St. Michaels-Bastei abschließen. Weitere Erinnerungsstücke sind die Bronzestandbilder der acht brandenburgisch-preußischen Herrscher vom Großen Kurfürsten bis Kaiser Wilhelm I. aus der Ruhmeshalle des Berliner Zeughauses, die seit der Neunhundertjahrfeier des Hauses 1961 auf den Basteien der Burg aufgestellt sind.

Seit Kronprinz Wilhelm bei Kriegsende Zuflucht in Hechingen fand und 1951 auf der Burg beigesetzt wurde, ist diese zur Grablege der Hohenzollern geworden. In dem unter der Christuskapelle liegenden Gewölbe, in der „Auferstehungskapelle" haben die Eheleute Prinzessin Kira und Prinz Louis Ferdinand sowie ihre Töchter Kira und Xenia ihre letzte Ruhestätte gefunden. Die Kapelle ist im Geist der russisch-orthodoxen Kirche gestaltet, der Prinzessin Kira angehörte. Damit hat auch die dritte der großen christlichen Konfessionen auf der Burg Einzug gehalten.

Eine neue Begräbnisstätte für Mitglieder des Hauses Preußen ist 1981 in der Kirche Maria Zell in Hechingen-Boll eingeweiht worden.

Die Burg Hohenzollern ist ganzjährig täglich ab 9 Uhr im Rahmen von Führungen zur Besichtigung geöffnet.
Kontakt: www.burghohenzollern.com

Herkunft und Anfänge des Hauses Hohenzollern

Im Jahre 1061 vermerkt der Mönch Berthold, der in der Abtei Reichenau die „Weltchronik" seines Lehrers Hermann von 1054 fortschreibt, daß Burchardus und Wezil (= Werner) de Zolorin gefallen sind. Dies ist das erste Mal, daß der Name Zolorin, aus dem sich später „Zollern" entwickelte und dem um 1350 der stolze Beiname „Hohen" angefügt wurde – erwähnt wird. Ihr Name leitet sich vermutlich von dem 855 Meter hohen Zollernberg am Rand der Rauhen Alb her, auf dem sich die Burg der Zollern befand.

Es spricht dafür, daß Friedrich I., der erste Zoller (1085 urkundlich erwähnt), ein Sohn oder Enkel jenes im Kampf gefallenen Burchardus de Zolorin war. Mit Friedrich I. , genannt Maute († vor 1125), beginnt die lückenlose Ahnenreihe, die bis in unsere Tage reicht. Sein Enkel Graf Friedrich III. († um 1201), wurde infolge seiner Heirat mit Sophie, der Erbtochter des Grafen Konrad von Raabs, um 1192 mit der Burggrafschaft Nürnberg belehnt, die sein Schwiegervater innegehabt hatte. Als Burggrafen von Nürnberg beginnen sie bei ihren Namen mit einer neuen Zählung. Als Burggraf nannte er sich Friedrich I.

Zuerst regieren seine Söhne gemeinsam, dann teilten sie, wohl 1214, den Besitz: **Konrad I.** († 1261) wurde Nachfolger seines Vaters in der Burggrafschaft und damit Stammvater der brandenburgischen Kurfürsten und preußischen Könige, während sein Bruder **Friedrich II** (†1251) als Graf von Zollern die schwäbischen Lande erhielt und somit zum Stammvater dieser Linie wurde. In den nachfolgenden Jahrhunderten machten sie vor allem Karriere im Dienst der deutschen Kaiser.

Der erste Burggraf von Nürnberg, Friedrich I., war ein treuer Gefolgsmann der Staufer gewesen. Nach deren Untergang trat der Sohn von Konrad I., **Friedrich III.** († 1297), für die Wahl von Rudolf von Habsburg und die damit verbundene Wiederherstellung der Reichsgewalt ein. In der Schlacht auf dem Marchfeld 1278 rang Rudolf von Habsburg dem Böhmenkönig Ottokar das Herzogtum Österreich ab und legte so den Grundstein zum Südoststaat der Habsburger. Friedrich III. trug dem Heer die Sturmfahne voran.

Da aber die Königswürde damals zwischen den Häusern Habsburg, Luxemburg und Wittelsbach wechselte, führte schon den nächsten Burggrafen **Friedrich IV.** († 1332) das Eintreten für Ludwig den Bayern in Gegnerschaft zu Friedrich von Österreich.

Die Burggrafen waren stets darauf bedacht, ihren Besitz mit allen rechtmäßigen Mitteln zu mehren. **Friedrich V.** († 1398), zäh und nachdrücklich in der Verfolgung seiner Interessen, erreichte, daß Kaiser Karl IV. , der Luxemburger, 1363 die Burggrafen von altersher dem Reichsfürstenstand zugehörig (illustribus principibus pareficati) erklärte. Damit hatte ein Kaiser aus dem Hause Luxemburg, den Burggrafen geholfen. Kaiser Karl IV. setzte alles daran, um die Mark Brandenburg, als Vorfeld des Kernlandes Böhmen in die eigene Hand zu bekommen. Dies gelang ihm nicht immer mit einwandfreien Mitteln; nach seinem Tod erhielt sein Sohn König Sigismund von Ungarn, bei der Erbteilung die Mark Brandenburg. Er verpfändete sie an seine Vettern und mußte – als die Schuld fällig war – sie an Jobst von Mähren übertragen.

Dieser ruinierte das Land. Zum Glück wurde Sigismund, inzwischen deutscher König, 1411 nach dem Tod von Jobst von Mähren selbst wieder Landesherr. Nun übertrug Sigismund, der letzte aus dem Hause Luxemburg, dessen treuer Gefolgsmann Burggraf Friedrich VI. war, diesem 1411 zuerst die Statthalterschaft über die Mark, dann erfolgte am 13. April 1415 in Konstanz die urkundliche und am 15. April 1417 die feierliche Belehnung mit der Markgrafen –, Kur – und Erbkämmererwürde. Somit war Friedrich VI. nunmehr der erste Markgraf von Brandenburg. Der Markgraf von Brandenburg gehörte fortan zum exklusiven Kurfürstenkollegium, das unter anderem den deutschen König „kürte".

Friedrich VI. führte jetzt den Titel „Friederich I.". Unter ihm und seinen ersten drei Nachfolgern, den Kurfürsten Friedrich II., Albrecht Achilles und Johann Cicero war aufgrund der verwandschaftlichen Verflechtungen nach Nürnberg der Einfluß fränkischer Interessen auf die kurbrandenburgische Politik stark und nachhaltig.

Das süddeutsche Grafengeschlecht begann somit die Geschichte Brandenburg-Preußens zu beeinflussen. Die Nachkommen der „Zolorins", die Hohenzollern, waren an den Platz gestellt, von wo aus sie später die Geschichte Preußen und Deutschlands beeinflussen und prägen sollten.

Am 30. April 1415 belehnt Kaiser Sigismund den Burggrafen Friedrich VI. von Nürnberg mit der Mark Brandenburg

Stammbaum der
fränkisch-brandenburgisch-preußischen Linie

Der Stammbaum der fränkisch-brandenburgisch-preußische Linie

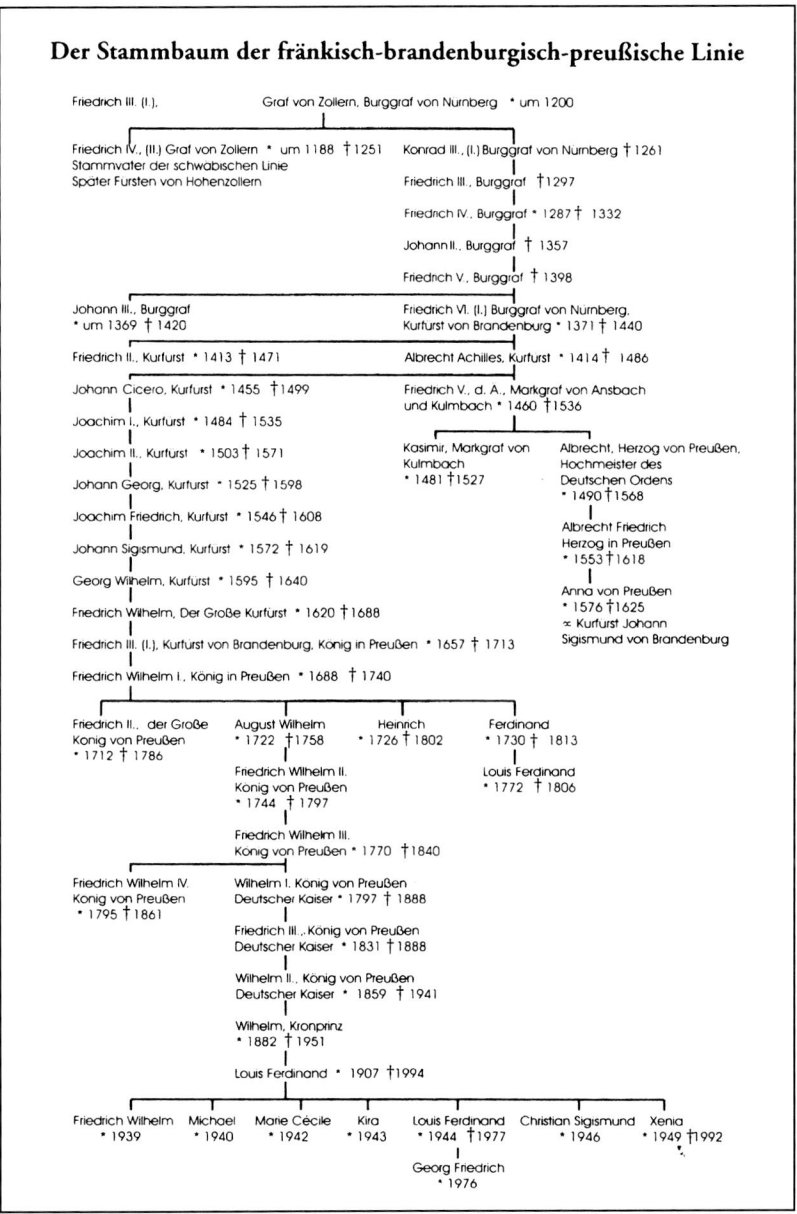

Friedrich III. (I.),   Graf von Zollern, Burggraf von Nürnberg * um 1200

Friedrich IV., (II.) Graf von Zollern * um 1188 † 1251   Konrad III., (I.) Burggraf von Nürnberg † 1261
Stammvater der schwäbischen Linie
Später Fürsten von Hohenzollern   Friedrich III., Burggraf † 1297

Friedrich IV., Burggraf * 1287 † 1332

Johann II., Burggraf † 1357

Friedrich V., Burggraf † 1398

Johann III., Burggraf   Friedrich VI. (I.) Burggraf von Nürnberg,
* um 1369 † 1420   Kurfürst von Brandenburg * 1371 † 1440

Friedrich II., Kurfürst * 1413 † 1471   Albrecht Achilles, Kurfürst * 1414 † 1486

Johann Cicero, Kurfürst * 1455 † 1499   Friedrich V., d. Ä., Markgraf von Ansbach
und Kulmbach * 1460 † 1536
Joachim I., Kurfürst * 1484 † 1535

Joachim II., Kurfürst * 1503 † 1571   Kasimir, Markgraf von   Albrecht, Herzog von Preußen,
Kulmbach   Hochmeister des
Johann Georg, Kurfürst * 1525 † 1598   * 1481 † 1527   Deutschen Ordens
* 1490 † 1568
Joachim Friedrich, Kurfürst * 1546 † 1608
Albrecht Friedrich
Johann Sigismund, Kurfürst * 1572 † 1619   Herzog in Preußen
* 1553 † 1618
Georg Wilhelm, Kurfürst * 1595 † 1640

Fredrich Wilhelm, Der Große Kurfürst * 1620 † 1688   Anna von Preußen
* 1576 † 1625
Friedrich III. (I.), Kurfürst von Brandenburg, König in Preußen * 1657 † 1713   ∝ Kurfürst Johann
Sigismund von Brandenburg
Friedrich Wilhelm I., König in Preußen * 1688 † 1740

Friedrich II., der Große   August Wilhelm   Heinrich   Ferdinand
König von Preußen   * 1722 † 1758   * 1726 † 1802   * 1730 † 1813
* 1712 † 1786
Friedrich Wilhelm II.   Louis Ferdinand
König von Preußen   * 1772 † 1806
* 1744 † 1797

Friedrich Wilhelm III.
König von Preußen * 1770 † 1840

Friedrich Wilhelm IV.   Wilhelm I. König von Preußen
König von Preußen   Deutscher Kaiser * 1797 † 1888
* 1795 † 1861
Friedrich III., König von Preußen
Deutscher Kaiser * 1831 † 1888

Wilhelm II., König von Preußen
Deutscher Kaiser * 1859 † 1941

Wilhelm, Kronprinz
* 1882 † 1951

Louis Ferdinand * 1907 † 1994

Friedrich Wilhelm   Michael   Marie Cécile   Kira   Louis Ferdinand   Christian Sigismund   Xenia
* 1939   * 1940   * 1942   * 1943   * 1944 † 1977   * 1946   * 1949 † 1992

Georg Friedrich
* 1976

13

Kurfürsten, Könige und Kaiser

Kurfürst Friedrich I. von Brandenburg
(1415 bis 1440)

* Kadolzburg/Franken 6.8.1371, † Kadolzburg/Franken 21.9.1440
∞ Schongau/Lech 18.9.1401 **Prinzessin Elisabeth von Bayern**
* Burg Trausnitz 1383, † Ansbach 13.11.1442

Friedrich I., der alles andere als willkommen in der Mark Brandenburg war, brach in heftigen Kämpfen den Widerstand des märkischen Adels. Gleichzeitig hatte er es verstanden, die benachbarten Fürsten zum Stillhalten zu bewegen.

Kurfürst Friedrich I,. rang den Widerstand bei der Belagerung der Burgen des Adels mit dem damals modernsten Geschütz, „faule Grete" genannt, nieder. Dies beschrieb später der Dichter Ernst von Wildenbruch in seinem Drama „Die Quitzows".

In der Folge gelang es Friedrich Recht und Ordnung wiederherzustellen. Am 21. Oktober 1415 empfing er in Berlin die Erbhuldigung der Stände und verkündete den Landfrieden. Als Stellvertreter des Kaisers und Reichsfeldherr gegen die Hussiten war er viel außer Landes. Sein Wirken war nicht immer glücklich. So kam es über die zweckmäßigste Reichspolitik mit Kaiser Sigismund zu einem Zerwürfnis und führte zu erneuten Kämpfen in der Mark Brandenburg. Friedrich übergab 1426 die Verwaltung der Mark seinem ältesten Sohn Johann und konzentrierte sich voll und ganz auf die Reichspolitik. Friedrich erreichte nach jahrelangen Bemühungen einen Ausgleich mit den Hussiten und verschaffte Kaiser Sigismund dadurch die böhmische Krone. Friedrich versöhnte sich kurz vor dessen Tod wieder mit dem Kaiser.

Der Tatkraft Friedrichs verdanken die Hohenzollern den Eintritt in den Kreis der Kurfürsten. Er sah sich als „Gottes schlichter Amtmann am Fürstentum". Seine Nachfahren ermahnte er, ihre Ritterschaft als kostbarsten Schatz in Ehren zu halten und dem Erhalt ihres Erbe Priorität einzuräumen.

Friedrichs Frau Kurfürstin Elisabeth, die „Schöne Else" genannt, half als zeitweilige Regentin die Vorbehalte der einheimischen Bevölkerung gegenüber der fremden Herrschaftsfamilie abzubauen. Ihre Fürsorge galt vor allem der notleidenden Bevölkerung. Dies trug ihr viel Liebe und Verehrung ein.

Kurfürst Friedrich II., „der Eiserne", von Brandenburg
(1440 bis 1470)

* Tangermünde 19.11.1413, † Neustadt/Aisch 10.11.1471
∞ Wittenberg 11.6.1441 **Prinzessin Katharina von Sachsen**
* 1421, † Berlin 23.8.1476

Der Nachfolger von Friedrich I., Kurfürst Friedrich II., hatte bereits 1437 die Verwaltung der Mark Brandenburg übernommen. Er mußte sich gegen den ortsansässigen Adel und die Städte, die auf ihre Privilegien pochten, zur Wehr setzen. Er ging energisch gegen die Städte Berlin und Cölln vor, löste ihre Verbindungen und Bündnisse mit anderen Städten. Zugleich vermittelte er im Streit zwischen Patriziern und Zünften. All dies hat er zäh und mit der nötigen Härte vollbracht, was ihm den Beinamen „der Eiserne" oder „Eisenzahn" eintrug.

Am Ufer der Spree baute Friedrich II. 1443 eine Zwingburg, die später zum Berliner Schloß erweitert wurde und bis 1918 den Hohenzollern als Residenz diente. Der erste Schritt zu einer Residenz und Hauptstadt war damit vollzogen.

Friedrich II. beteiligte sich an den Reichsangelegenheiten kaum. Dadurch fand er genügend Zeit zum inneren Aufbau seines Landes und zum Ordnen der kirchlichen Verhältnisse. Fortan ernannte er die Bischöfe. Desweiteren schränkte Friedrich II. die kirchliche Gerichtsbarkeit ein.

Die dem Deutschen Orden durch König Sigismund 50 Jahre zuvor verpfändete Neumark löste Friedrich II. 1466 gegen die Zahlung von 40 000 Gulden aus. Altmark und Priegnitz, die vorübergehend sein kinderloser Bruder regiert hatte, fielen an ihn zurück. Die Mark erreichte fast wieder den Umfang wie unter den Askaniern. Seine Erbansprüche beim Aussterben der Herzogslinie Pommern-Stettin konnte er militärisch nicht durchsetzen und wurde im Verlauf der Kämpfe verwundet. Dieser Schicksalsschlag sowie der frühe Tod seiner Söhne veranlaßten den zur religiösen Schwärmerei Neigenden 1470 zugunsten seines jüngeren Bruders Albrecht, der bisher die fränkischen Fürstentümer regiert hatte, auf die Kurfürstenwürde zu verzichten. Friedrich II. zog sich nach Franken zurück, wo er kurze Zeit später verstarb.

Zeittafel

1410-1437 Kaiser Sigismund
1419-1436 Hussitenkriege
1453 Eroberung von Konstantinopel durch Sultan Mohammed II.
um 1450 Erfindung der Buchdruckerkunst durch Johann Gutenberg

Kurfürst Albrecht Achilles von Brandenburg
(1470 bis 1486)

* Tangermünde 24.11.1414, † Frankfurt/M. 11.3.1486.
∞ I. Pforzheim 1446 **Markgräfin Margareta von Baden**
* 1431, † Ansbach 24.10.1457
∞ II. Ansbach 12.11.1458 **Herzogin Anna von Sachsen**
* Meißen 7.3.1437, † Neustadt an der Aisch 31.10.1512

Albrecht Achilles, der im Gegensatz zu seinem Bruder Friedrich, eine kraftvolle und glänzende Erscheinung unter den Fürsten seiner Zeit war, regierte zunächst in Ansbach, später auch in Bayreuth. Er stellte sich in den Dienst von Kaiser und Reich, war aber darauf bedacht, seine Position als Reichsfürst zu stärken. Das hat ihn oft in Schwierigkeiten gebracht.

Im Kampf mit der freien Reichstadt Nürnberg um Ausweitung der Burggrafenrechte scheiterte er. In der Mark hat Albrecht Achilles sich stets nur kurz aufgehalten und ließ dort seinen Sohn Johann als Statthalter walten. Durch seine strikte Haushaltspolitik trug er erheblich zur finanziellen Konsolidierung des Kurfürstentums bei.

Als sein Sohn Johann Cicero von den schlesischen und pommerschen Herzögen hart bedrängt wurde, eilte er ihm zu Hilfe. In langen Verhandlungen mit König Mathias von Ungarn, gelang es Albrecht Achilles Krossen und Züllichau für die Mark zu gewinnen. Gegenüber Pommern setzte er die Anerkennung der brandenburgischen Lehnshoheit durch. Er sicherte 1473 durch die „Dispositio Achillea" die Unteilbarkeit der Mark und ihre Vererbung nach dem Erstgeburtsrecht. Johann Cicero, sein ältester Sohn, erhielt die Mark Brandenburg, dessen Brüder Friedrich und Sigismund die fränkischen Fürstentümer. Dies hatte zur Folge, daß nunmehr die fränkischen Fürstentümer Ansbach und Bayreuth bis 1791 mehr als drei Jahrhunderte von Brandenburg getrennt blieben und ihre eigenen Wege gingen.

Kurfürst Johann Cicero von Brandenburg
(1486 bis1499)

* Ansbach 2.8.1455, † Arneburg/Altmark 9.1.1499
∞ Berlin 25.8.1476 **Herzogin Margarete von Sachsen**
* Weimar 1449, † Spandau 13.7.1501

Johann Cicero war das völlige Gegenteil seines Vaters: er war allzu nachgiebig und scheute kriegerische Auseinandersetzungen mit seinen Nachbarn. Dies wurde ihm als Schwäche ausgelegt und führte zu einem Rückschlag, indem er die Lehnshoheit über Pommern verlor. Auch andere Ansprüche machte er nicht ernsthaft geltend.

In Reichsangelegenheiten hielt Johann Cicero sich völlig zurück und konzentrierte sich auf die Verwaltung seines Landes. Er gab den Anstoß für die Gründung der Universität in Frankfurt/Oder. Ähnlich wie seine Vorgänger wandte Johann Cicero sich gegen den unbotmäßigen Adel und war bemüht, dessen Mitglieder zur Aufgabe der Fehden zu bewegen. Johann Cicero war ein Mann voller Gottesfurcht: Für ihn stand die Fürsorge für seine Untertanen und der Schutz der Schwachen im Mittelpunkt seines Handelns. Johann Cicero wurde der erste Herrscher, der sich in der Mark ganz heimisch fühlte und in der Klosterkirche zu Lehnin beigesetzt ist.

Marienburg
größte Burg Europas, 1309-1457 Sitz der Hochmeister des Deutschen Ordens

Kurfürst Joachim I. Nestor von Brandenburg

(1499 bis 1535)

* 21.2.1484, † Stendal 11.7.1535

∞ Stendal 10.4.1502 **Prinzessin Elisabeth von Dänemark**

* Schloß Nyborg 1485, † Berlin 10.6.1555

Joachim I. wurde mit 15 Jahren Kurfürst. Mit ihm glaubte aufgrund seiner jugendlichen Unerfahrenheit der trotzige Adel leichtes Spiel zu haben. Sie irrten, denn Joachim ging hart und kompromisslos gegen das Raubrittertum in der Mark vor. So kam es, dass eines Morgens an seiner Schlafzimmertür die Worte standen: „Jochimke, Jochimke höde dy! Wo wy dy krige, hange wy dy!" (Joachim, Joachim, höre das! Wo wir Dich kriegen, hängen wir Dich!). Aber der Kurfürst zeigte sich unbeeindruckt und hielt Kurs. Hierbei genoß er auch die Unterstützung der überwiegenden Mehrheit des Adels.

Joachim I. war humanistisch gebildet und rief 1506 die schon von seinem Vater geplante Hochschule in Frankfurt/Oder ins Leben. Er bemühte sich sein Leben lang um ein einheitliches Landesrecht, gründete das Kammergericht und führte das Römische Recht ein. Während seiner Regierungszeit kam es zu einer großen Ausdehnung hohenzollernscher Macht: sein Bruder Albrecht war Kurfürst von Mainz und Erzbischof von Magdeburg, sein Vetter Albrecht wurde 1510 Hochmeister des Deutschen Ordens und auch in Franken und Hohenzollern standen tatkräftige Regenten an der Spitze des Staates. Die Chance, die über das ganze Reich verstreuten Kräfte für die Dynastie zu bündeln, wurde vertan. Jeder Herrscher verfolgte seine eigene Politik und daher kam es, dass sich die politische Lage zu ihren Ungunsten veränderte.

Bei der Kaiserwahl 1519 schwankte Joachim lange zwischen den rivalisierenden Aspiranten, dem französischen König Franz und dem Habsburger Karl. Schließlich schlug sich Joachim I. auf die Seite von Karl V. Kurfürst Joachim war ein durch und durch gebildeter Herrscher, der Willenskraft, Autorität und politisches Kalkül besaß. Dies trug dem mehrsprachigen Fürsten den Beinamen „Nestor" ein. Er galt als typischer Vertreter der Renaissance.

Der durch Martin Luther ausgelösten Reformationsbewegung stand er ablehnend gegenüber. Die Glaubensfrage spaltete die Mitglieder des Hauses; aus religiöser Überzeugung und aus Abneigung gegen allen Umsturz gehörte Joachim 1530 auf dem Reichstag zu Worms zu den Befürwortern der Reichsacht gegen Luther. Joachims Ehefrau Elisabeth von Dänemark trat heimlich zum neuen Glauben über und floh an den sächsischen Hof.

Joachim I. teilte in seinem Testament sein Land zwischen seinen Söhnen Joachim II. und Johann. Joachim II. erhielt die Kurmark und die Kurfürstenwürde, der jüngere Johann bekam die Neumark und die schlesisch-lausitzischen Gebiete.

Kurfürst Joachim II. Hektor von Brandenburg

(1535 bis 1571)

* Berlin 9.1.1505, † Schloß Köpenick 3.1.1571
∞ I. Dresden 6.11.1524 **Herzogin Magdalena von Sachsen**
* Dresden 7.3.1507, † 28.1.1534
∞ II. Krakau 1.9.1535 **Prinzessin Hedwig von Polen**
* Posen 25.3.1513, † Berlin 7.2.1573

Joachim II. war ein lebensfroher, prunk- und kunstliebender Fürst, ein typischer Vertreter seiner Zeit. Durch seine Geldverschwendung stürzte er das Land in Schulden und geriet dadurch in starke Abhängigkeit der Stände. Diese hatten die Verwaltung der Steuern in der Hand.

Im Gegensatz zu seinem Vater war er milde und versuchte zu Beginn seiner Regierungszeit im Glaubensstreit zu vermitteln. Als dies misslang, trat er 1538 zum Luthertum über und bemühte sich weiterhin um einen Ausgleich zwischen den Konfessionen. Dies kam durch Beibehaltung vieler liturgischer Gebräuche der katholischen Kirche zum Ausdruck. Sowohl Luther wie auch Kaiser Karl V. stimmten dieser Regelung zu. Seit dem Übertritt des Kurfürsten waren die brandenburgisch-preußischen Herrscher oberste Bischöfe der evangelisch-lutherischen Landeskirche ihres Staates und blieben es bis zum Ende der Monarchie 1918. Selbst als die späteren Herrscher zum reformierten Bekenntnis (Calvinismus) übertraten, standen sie der Landeskirche vor.

1542 wurde Joachim II. Oberbefehlshaber des Reichsheeres gegen die vorrückenden Türken. Er besaß keine militärische Erfahrung und Begabung und versuchte vergeblich, die Türken aus Ofen (Budapest) zu vertreiben. Der konservativ-beharrende und versöhnliche Fürst erhielt den für ihn unzutreffenden Beinamen „Hektor".

Dem Schmalkaldischen Bund der protestantischen Fürsten und Städte trat Joachim II. nicht bei. Auch hier kam ihm sein Verhandlungsgeschick zugute. Er konnte Magdeburg den Hohenzollern bei mehreren Bischofswahlen sichern, so dass der Einfluss dort nicht wieder verlorenging. Vom König von Polen erreichte er die Mitbelehnung mit dem Herzogtum Preußen.

Kurfürst Joachim II. beauftragte Caspar Theyß mit dem Bau des Jagdschlosses Grunewald. Dieser Baumeister hat auch dem Berliner Schloß seine Renaissancefassade gegeben. Die Dominikanerkirche wurde zum Berliner Dom umgewandelt.

Zeittafel:

1492 Entdeckung Amerikas – Humanismus bringt Wissenschaft und Kunst in Deutschland zur Blüte
    (Dürer, Holbein, Grünewald, Cranach)
1517 Beginn der Reformation
1519 bis 1556 Regierungszeit von Kaiser Karl V.
1521 Luther vor dem Reichstag in Worms
1524/25 Bauernkriege
1532 Nürnberger Religionskrieg

Kurfürst Johann Georg von Brandenburg
(1571 bis 1598)

* 11.9.1525, † Cölln/Spree 18.1.1598

∞ I. Berlin 15.2.1545 **Herzogin Sophie von Schlesien-Liegnitz**
* Liegnitz 1525/26, † 6.2.1546

∞ II. Ansbach 12.2.1548 **Markgräfin Sabine v. Brandenburg-Ansbach**
* Ansbach 12. 5.1529, † Berlin 2.11.1575

∞ III. Letzlingen 6.10.1577 **Prinzessin Elisabeth von Anhalt-Zerbst**
* Zerbst 25.9.1563, † Krossen an der Oder 5.10.1607

Mit Johann Georgs Regierungsantritt wurde die Neumark wieder mit der Mark vereinigt. Johann Georg war ein echter Landesvater, der aufgrund seiner Sparsamkeit den Beinamen „Oeconomus" erhielt. Er brachte die zerrütteten Finanzen des Landes wieder in Ordnung. Im „Grauen Kloster" zu Berlin richtete er eine Landesschule für die adlige und städtische Jugend ein – das spätere Gymnasium zum Grauen Kloster.

Nach innen wie nach außen versuchte Kurfürst Johann Georg eine ausgleichende Politik zu führen. Er bekannte sich unbeirrbar zum Luthertum, hob alle Sonderregelungen seines Vaters Joachim II. auf und bemühte sich um Abgrenzung des Luthertums gegen den Calvinismus. Mit Kursachsen verband ihn trotz mancher Reibereien ein enges Verhältnis. Er wehrte sich erfolgreich dagegen, in die Auseinandersetzungen der deutschen, französischen und holländischen Calvinisten verwickelt zu werden, und unterstützte die Wahl des deutschen Königs Rudolfs II. zum deutschen Kaiser.

Nach 1591 ging Johann Georg zunehmend auf Abstand der Politik von Kaiser Rudolf II. Es kam unter den nichtkatholischen Fürsten, zu denen auch Johann Georg gehörte, zum Torgauer Bund, der den französischen Protestanten mit Truppen zu Hilfe eilte. Dieser Bund zerbrach indes sehr bald.

Als Johann Georg starb, stand er im 72. Lebensjahr und erreichte von allen Kurfürsten seines Hauses das höchste Lebensalter. Er führte ein maßvolles und bescheidenes Leben nicht nur in politischen Angelegenheiten.

Kurfürst Joachim Friedrich von Brandenburg
(1598 bis 1608)

* Berlin 27.1.1546, † 18.7.1608

∞ I. Küstrin 8.1.1570 **Markgräfin Katharina von Brandenburg**
* Küstrin 10.8.1549, † Berlin 10.9.1602

∞ II. Berlin 23.10.1603 **Herzogin Eleonore in Preußen**
* Königsberg i. Pr., 12.8.1583, † Berlin 31.4.1607

Joachim Friedrich kam im Alter von 52 Jahren an die Regierung. Er hatte bis dahin als Administrator das Erzbistum Magdeburg verwaltet. In dieser Position trat er immer wieder für ein Zusammenwirken von Lutheranern und Calvinisten ein. Die jahrelangen, zähen Vermittlungsgespräche forderten ihren Tribut – Joachim Friedrich war alt und kraftlos geworden. In seiner Regierungszeit wirkte sich diese Schwäche negativ aus. Er musste viel Zeit und Kraft darauf verwenden, um unter Berufung auf die „Dispositio Achillea" (die Vererbung nach dem Erstgeburtsrecht) seine Alleinregierung durchzusetzen. Weitere Jahre benötigte er, das Erbe des kinderlos gebliebenen Markgrafen Georg Friedrich zu regeln.

Für sein Land konnte Joachim Friederich in seiner knapp zehnjährigen Amtszeit die wirtschaftlich bedeutsame Schiffsverbindung zwischen Oder und Havel realisieren. Sein Werk, der 32 Kilometer lange Finowkanal, dient heute noch der Binnenschiffahrt.

Die von den Landständen vorenthaltene Bewilligung von Geldern, führte dazu, dass sich der Kurfürst in der ersten Hälfte seiner Regierung nicht in die Reichspolitik einmischen konnte. 1604 schuf er den brandenburgischen Geheimen Rat als Oberste Regierungsbehörde, während Gericht und Finanzverwaltung eigene Körperschaften besaßen. Damit folgte er dem Vorbild anderer deutscher Staaten, in denen solche Einrichtungen bereits bestanden.

Schließlich gelang es, die Vormundschaft über Preußen weiterzuführen, auch wenn dies nur durch die Zahlung von 300 000 Gulden an den König von Polen ermöglicht wurde. 1605 schlossen Brandenburg und die Kurpfalz ein Bündnis mit den Niederlanden. Zweck dieses Zusammenschlusses war vor allem das Erbe von Kleve und Jülich, aber es schienen sich auch weiterreichende Chancen eines großangelegten Bündnisses der protestantischen Seite gegen die konfessionellen Ansprüche des Kaisers zu eröffnen.

Joachim Friedrich bewegte sich stets strikt im Rahmen der gültigen Reichsverfassung. Politischen Handlungsspielraum erreichte er dadurch nicht und gehörte deshalb zu den schwächsten Kurfürsten der Hohenzollern.

Kurfürst Johann Sigismund von Brandenburg
(1608 bis 1619)

* Halle/Saale 8.11.1572, † Berlin 23.12.1619
∞ Königsberg/Pr. 30.10.1594 **Herzogin Anna in Preußen**
* Königsberg/Pr., 3.7.1576, † Berlin 9.4.1625

Johann Sigismund hob sich weder durch Talent noch sonstige Fähigkeiten über seine Vorgänger heraus. Ruhm erlangte er dennoch, indem es ihm gelang, das Territorium Brandenburgs um zwei bedeutsame Ländern zu erweitern: das Herzogtum Preußen und ein Teil der jülisch-klevischen Erbschaft.

Das Herzogtum Preußen, etwa deckungsgleich mit der bis 1945 zum Deutschen Reich gehörenden preußischen Provinz Ostpreußen, hatte seinen Namen von dem baltischen Volk der Pruzzen erhalten. Sie hatten sich hauptsächlich im Gebiet östlich der unteren Weichsel niedergelassen. Bis ins 13. Jahrhundert konnten sie sich erfolgreich der gewaltsamen Christianisierung widersetzen. Erst dem deutschen Ritterorden, der 1225 gegen Überlassung des Kulmer Landes ins Land geholt worden war, gelang die Unterwerfung und Christianisierung. Der Hochmeister des Ordens, Hermann von Salza, hatte sich vom Papst und Kaiser Friedrich II. mit allen Privilegien ausstatten lassen, die zur Gründung eines souveränen Staates nötig waren. Ein halbes Jahrhundert brauchte der Ritterorden, bis er das Land der Pruzzen in seine Gewalt gebracht hatte. Nach seinem Sieg holte er eine große Zahl von deutschen Bauern und Bürgern in die dünn besiedelten Gebiete, organisierte den Handel, legte Burgen und Städte an (u. a. Kulm, Thorn, Elbing, Königsberg, Memel) und sorgte für eine glänzend funktionierende Verwaltung. Der Ordensstaat wurde im 14.Jahrhundert zu einem der stabilsten Machtfaktoren des Ostseeraumes.

Das zwischen dem Herzogtum Pommern und der unteren Weichsel gelegene Land Pommerellen (1309) und die wichtigste Handelsstadt, Danzig, und später zeitweise auch die brandenburgische Neumark (1402-1455) wurden Ordensland. Der Verfall begann, als die religiösen Kräfte erlahmten und die Interessen der Städte konträr zu jenen der Ordensherren verliefen. Zeitgleich vereinten die Jagiellonen Polen und Litauen in ihrer Hand. Der Deutsche Ritterorden wurde 1410 bei Tannenberg besiegt und musste im zweiten Thorner Frieden von 1466 Westpreußen mit dem Ermland abtreten und Ostpreußen als polnisches Lehen annehmen.

1525 schloß sich der Hochmeister Albrecht von Hohenzollern der Reformation an und wandelte den Ordensstaat in ein weltliches Herzogtum unter Fortdauer der polnischen Lehnshoheit um. 1544 gründete er die Albertus-Universität zu Königsberg. Polen widersprach dieser Regelung nicht, da es sich immer stärker durch die Schweden bedrängt sah und ferner darauf baute, daß sich die lutherischen Stände dem calvinistischen Landesherrn nicht beugen würden.

Als 1609 Herzog Johann Wilhelm von Cleve starb, erhob Johann Sigismund im Namen seiner Frau Anna Anspruch auf das Erbe von Jülich und Kleve, doch machte ihm Wolfgang Wilhelm von Pfalz-Neuburg dieses streitig. Durch die Vermittlung des Landgrafen von Hessen-Cassel kam es 1609 zum Vergleich von Dortmund, in dem sich beide Seiten friedlich einigten und die Verpflichtung eingingen, das Land gemeinsam zu verwalten. Nach kurzer Zeit kam es zum Ausbruch kriegerischer Auseinandersetzungen, in die auch ausländische Truppen eingriffen. Im Teilungsvertrag von Xanten 1614 wurde den pfälzischen Wittelsbachern Jülich und Berg zugesprochen, den Hohenzollern Kleve, Mark und Ravensberg. Dies war für die Zukunft von entscheidender Bedeutung, denn Brandenburg wandte sich dadurch zum ersten Mal der westlichen Reichshälfte zu. Es war somit künftig in ihre Entwicklung eingebunden.

1613 vollzog Johann Sigismund den Übertritt zum reformierten Bekenntnis. Sein Übertritt zum Calvinismus hatte aber nicht zur Folge, daß er – wie es in vielen Ländern geschah (cuius regio, eius religio) – seine Untertanen zwang, diesem Schritt zu folgen. Er verbürgte den lutherischen Untertanen die Glaubensfreiheit und verbot alle gegenseitige Verunglimpfung. Brandenburg ist der erste Staat in Europa, der es wagte , verschiedene Bekenntnisse gleichberechtigt nebeneinander zuzulassen.

Kurfürst Johann Sigismund von Brandenburg erlitt 1616 einen Schlaganfall und verlor dabei die Sprache. Als er zwei Jahre später nach dem Tod von Herzog Albrecht Friedrich das Lehensland Preußen in seinen Besitz überführte, konnte er aufgrund seines Gesundheitszustandes die Regierungsgeschäfte nicht mehr wahrnehmen. An seiner Stelle bestimmte seine Frau Anna die brandenburgische Politik. Wenige Monate vor seinem Tod übertrug Johann Sigismund die Regierungsgewalt seinem Sohn Georg Wilhelm.

Zeittafel:

1555 Augsburger Religionsfriede
1562-1598 Hugenottenkriege in Frankreich
1558 -1603 Königin Elisabeth von England regiert ; 1587 Hinrichtung von Maria Stuart
1588 Vernichtung der Armada
1564 Shakespeare geboren († 1616)

Kurfürst Georg Wilhelm von Brandenburg
(1619 bis 1640)

* Cölln/Spree 13.11.1595, † Königsberg/Pr. 1.12.1640
∞ Heidelberg 24.7.1616 **Pfalzgräfin Elisabeth Charlotte von Simmern**
* 19.11.1597 Neumarkt, Oberpfalz, † 26.4.1660 Krossen/Oder

Georg Wilhelm war ein willensschwacher Fürst und zeitlebens gesundheitlich angeschlagen. Seine herrische Mutter Anna fädelte hinter seinem Rücken die Hochzeit seiner Schwester Marie Eleonore mit König Gustav Adolf von Schweden ein. Was zunächst als eine sehr gelungene dynastische Verbindung galt, brachte aber Kurfürst Georg Wilhelm in größte Schwierigkeiten. Denn: Georg Wilhelm war aufgrund der Belehnung Preußens durch Polen vom Wohlwollen des polnischen Königs abhängig. Polen und Schweden aber stritten um Livland und so kam Georg Wilhelm in die missliche Lage, aufgrund der familiären Verbindungen mit Schweden taktieren zu müssen, ohne Partei zu ergreifen.

In seinen Entscheidungen verhielt sich Georg Wilhelm stets sehr zögerlich und hatte in seinem Minister von Schwarzenberg einen Berater, der einen verderblichen Einfluß ausübte und das Land an den Rand des Ruins trieb. Im Verlauf des Dreißigjährigen Krieges (1618-1648) wurde Georg Wilhelm zum Spielball der kriegführenden Parteien. Nacheinander besetzten Dänen und Schweden das Land. Aus den schwedischen Besatzungstruppen wurden später Bündnispartner; in ähnlicher Weise wechselten die kaiserlichen Truppen unter Wallenstein die Fronten.

Nach dem Tod des Pommernherzogs Bogislav XIV. 1637 enthielt Schweden Georg Wilhelm sein rechtmäßiges Erbe über das von ihnen nach wie vor besetzte Pommern zurück. Darauf schwenkte er erneut auf die Seite des Kaisers ein, der Schweden bekämpfte. 1640 starb Georg Wilhelm und hinterließ seinem Nachfolger ein territorial zersplittertes Land ohne natürliche Grenzen. Das wirtschaftlich wenig entwickelte und kulturell bedeutungslose Land spielte politisch im Konzert der Mächtigen eine drittrangige Rolle. Die Folge waren Übergriffe auswärtiger Mächte.

Friedrich Wilhelm von Brandenburg, der Große Kurfürst
(1640 bis 1688)

* Cölln/Spree 16.2.1620, † Potsdam 9.5.1688

∞ I. Den Haag 7.12.1646, **Gräfin Luise Henriette von Nassau-Oranien**

* Den Haag 7.12.1627, † Cölln/Spree 18.6.1667

∞ II. Gröningen/bei Halberstadt 14.6.1668 **Herzogin Dorothea von Holstein-Glücksburg**

* Glücksburg 29.9.1636, † Karlsbad 6.8.1689

Friedrich-Wilhelm von Brandenburg kam mit 20 Jahren an die Macht. In den Niederlanden von dem Statthalter Friedrich Heinrich von Oranien politisch und militärisch geschult, übernahm er die Regierung mit fester Hand und hat fast 48 Jahre – länger als alle seine Vorgänger und Nachfolger – sein Herrscheramt ausgeübt.

Da er lange in der Fremde gelebt hatte, war er bei Regierungsantritt kaum mit den Verhältnissen in seinem Kurfürstentum vertraut. Mit Unterstützung aus den Nachbarländern konnte der junge Kurfürst nicht rechnen. Er operierte mit Feingefühl und diplomatischem Geschick. Seine Ziele verfolgte Friedrich Wilhelm stets konsequent; er ließ sich auch durch Rückschläge nicht entmutigen. Klar erkannte er, dass ohne Macht kein Recht durchsetzbar ist. Um nicht ohnmächtig und schutzlos zum Spielball der Interessen anderer zu werden, schuf er sehr bald ein starkes stehendes Heer. Somit hatte er die Voraussetzung geschaffen, um im Konzert der Mächtigen mitspielen zu können.

Der Westfälische Frieden von 1648 brachte Friedrich Wilhelm einige Landgewinne: Hinterpommern, die Bistümer Halberstadt und Minden. Zudem kam die Anwartschaft auf das alte Erzstift Magdeburg hinzu. Indes: Friedrich Wilhelms Hoffnung, über Vorpommern mit Stettin und der Odermündung einen für den Wirtschaftsaufschwung dringend benötigten Seehafen zu erhalten, erfüllte sich nicht. Schweden kam in den Besitz von Vorpommern.

Schwerpunkt seiner ersten Regierungsjahre war, die Folgen des Dreißigjährigen Krieges zu überwinden und das Land wieder aufzubauen. Während Preußen nur unter geringen Schäden litt, waren in Brandenburg die Auswirkungen des Krieges verheerend. Armut und Verelendung herrschten überall, über die Hälfte der Bewohner waren umgekommen. Gut hundert Jahre sollte es dauern, bis der alte Bevölkerungsstand wieder erreicht war.

Parallel zum Wiederaufbau des Landes, schuf Friedrich Wilhelm ein stehendes Heer. Dieses wurde im Laufe seiner Regierungszeit kontinuierlich ausgebaut und erreichte 1688 mit zirka 30 000 Mann eine beachtliche Größe.

1655 wurde als zentrale Behörde das Generalkriegskommissariat eingerichtet, dessen Beamte die Steuern für die Armee einzogen und verwalteten. Die Städte waren zur Abgabe der Akzise, einer indirekten Steuer, die verschiedene Verbrauchsgüter belastete, verpflichtet. Die Bauern leisteten ihren Beitrag als ständige direkte Kriegssteuer. Am Einspruch des Adels scheiterte ein einheitliches Steuersystem.

Zur ersten Bewährungsprobe kam es für seine Regimenter im Polnisch-Brandenburgischen Krieg von 1655 bis 1660, als diese auf Seiten Schwedens den Sieg über die Polen bei Warschau 1656 entschieden. In den Verträgen von Wehlau (19.9.1657) und Bromberg (6.11.1657) verzichtete Polen endgültig zugunsten des Hauses Hohenzollern auf die Souveränität über das Herzogtum Preußen. Damit endete die Lehensabhängigkeit. Im Frieden von Oliva 1660 erreichte der Kurfürst die Anerkennung seiner Souveränität in Preußen.

Der greifbare nahe Erwerb Pommerns, wurde durch Frankreich verhindert. Frankreich hatte kein Interesse daran, Schweden entschieden geschwächt zu sehen.

Als souveräner Herzog von Preußen, einem Gebiet außerhalb des Reiches, konnte Kurfürst Friedrich Wilhelm – obwohl für die Territorien, die zum Reich gehörten, noch eine lehensrechtliche Bindung an den Kaiser fortbestand -, von nun an mit diesem selbstbewußter verhandeln. Das garantierte ihm eine herausgehobene Position gegenüber den übrigen deutschen Fürsten. Diese Tatsache prägte seine gesamte Außenpolitik. Unterstützung von anderen Staaten war meist nur von kurzer Dauer. Bei Friedensschlüssen wurde er oft übergangen und im Stich gelassen. Das führte schließlich dazu, daß er im außenpolitischen Bereich die Fronten und Bündnisse ständig wechselte, wann immer sie ihm nichts mehr nützten. Allerdings blieb er nach wie vor auf das Wohlwollen der großen Mächte angewiesen. Da das Land zu arm war, um eine Armee allein zu finanzieren, erfolgte diese über die zeitweilige „Verleihung" von Truppen im Rahmen von Bündnissen. Die dadurch vorhandene Abhängigkeit wog allerdings nicht mehr so schwer wie in Zeiten seines Großvaters und Vaters.

Als Friedrich Wilhelm 1675 als Reichsfürst Kaiser Leopold I. gegen Ludwig XIV. im Elsaß militärisch unterstützte, veranlasste Frankreich die Schweden zum Einfall in die Mark. Das französische Ziel wurde nicht nur nicht erreicht, sondern endete im Desaster: Friedrich Wilhelms Heer schlug 1675 in der Schlacht bei Fehrbellin den weit überlegenen Gegner, mit der Folge, dass die Großmachtstellung Schwedens in Norddeutschland nachhaltig erschüttere wurde. Dem Kurfürsten trug dieser Sieg den Ehrentitel „der Große" ein.

Friedrich Wilhelms Feldzüge bis 1679 kennzeichneten ihn als Feldherrn mit großer taktischer und strategischer Begabung und führten zur Eroberung von Vorpommern. Doch abermals wurde er im Frieden von St. Germain um die Früchte seines Sieges gebracht. Der Kurfürst schlug sich nun in seiner Verbitterung auf die Seite Frankreichs, weil er sich im Bündnis mit Ludwig XIV. den Erwerb schwedischen Gebiets (Vorpommern) erhoffte. Schließlich wandte er sich von den Schlachtfeldern ab und konzentrierte sich auf die Stärkung der Wirtschaftskraft, um die völlige Unabhängigkeit erreichen zu können. So glaubte er über den Ostseehandel dieses Ziel erreichen zu können. Er stellte Kaperschiffe in Dienst, mietete Kriegsschiffe von den Holländern. Gegen Ende seiner Regierungszeit bestand seine Flotte aus 28 Kriegsschiffen, die unter dem Kommando des Holländers Benjamin Raules standen. 1681 kam es zur Gründung der ersten Handelsstation an der Goldküste, später an der Guinea-küste zur Gründung der Niederlassung Groß Friedrichsburg.

Als Ludwig XIV. 1685 das Edikt von Nantes aufhob, in dem die Hugenotten entrechtet wurden, wandte sich der Große Kurfürst endgültig von Frankreich ab. In seinem Edikt von Potsdam vom 8. November 1685 lud er die „ wegen des heiligen Evangeliums und dessen reiner Lehre angefochtenen und bedrängten Glaubensgenossen" nach Brandenburg ein. Er gestand ihnen die freie Ausübung ihres Glaubens und die freie Ortswahl zu. 1700 hatten immerhin schon fast 20 000 hugenottische Glaubensflüchtlinge den Weg nach Brandenburg-Preussen gefunden. Sie brachten viele neue Gewerbezweige mit; dank ihres kaufmännischen Geschicks und ihrem Leistungswillen belebten sie den Handel und trugen entscheidend zum wirtschaftlichen und kulturellen Aufschwung des Landes bei. Fouqué, Chamisso, Gilly, Fontane entstammten neben vielen anderen Repräsentanten des intellektuellen und politischen Lebens in Preußen französischen Refugiés-Familien.

Nahezu zur gleichen Zeit (1671) waren bereits Juden ins Land gekommen, denen vom Kurfürsten die gleichen Rechte wie allen anderen Bürgern zugestanden wurden. 1700 wurde in Berlin die erste Synagoge errichtet.

Als Konsequenz aus der Hugenotten-Vertreibung verständigte sich Friedrich Wilhelm wieder mit dem Kaiser. Dieser kämpfte an mehreren Fronten und so brachte für ihn das von Friedrich Wilhelm entsandte Hilfskorps gegen die Türken eine wertvolle Entlastung.

Der „Große Kurfürst" war in erster Ehe mit Luise Henriette Prinzessin von Oranien-Nassau verheiratet. Die Ehe – obwohl auf politischen Erwartungen gegründet – verlief glücklich. Luise Henriette, tief religiös und gebildet, wurde eine hervorragende Landesfürstin, die ihrem Ehemann in schwierigen Entscheidungen zur Seite stand. Nach ihrem Tod heiratete Friedrich Wilhelm Herzogin Dorothea von Holstein-Glücksburg. Sie war eine robuste und tatkräftige Frau, die ihrem Mann sieben Kinder gebar.

Friedrich Wilhelm verlor zwei Söhne aus erster Ehe, nämlich 1674 Kurprinz Karl Emil und 1687 dessen jüngeren Bruder Ludwig. Sein Sohn Friedrich, der spätere König in Preußen, fühlte sich als letzter männlicher Nachkomme aus der ersten Ehe seines Vaters von seiner Stiefmutter bedroht, da diese für die Söhne aus ihrer Ehe mit dem Kurfürsten das Erbe anstrebte. Kurfürstin Dorothea brachte ihren Mann dazu, das Hohenzollern`sche Hausgesetz zu umgehen, und den Besitz unter Friedrich und ihren Söhnen aus der zweiten Ehe aufzuteilen.

Im Verlauf seiner Regierungszeit lag die Größe des Kurfürsten Friedrich Wilhelm darin, daß er dem Gehorsam, den er stets kompromißlos einforderte, tiefen sittlichen Sinn zu geben verstand. Aus den zerstörten Landen schuf er einen zentral gelenkten Staat. Trotz seiner Sparsamkeit, die ihm durch die Ereignisse aufgezwungen worden waren, hat er das geistige Leben gefördert. Er gründete in Duisburg eine Hochschule, unterstützte die Landesuniversität in Frankfurt/Oder und regte die Einrichtung der späteren königlichen Staatsbibliothek in Berlin an. Des weiteren liess er einen Kanal zwischen Oder und Spree bauen und sorgte für regelmäßige Postverbindungen zwischen Kleve und Königsberg.

Berliner Schloß

Anfänge aus vorreformatorischer Zeit, Hauptschöpfung durch Andreas Schlüter und Eosander v. Goethe (1699-1713). Ebenbürtiges Gegenstück zu den großartigen Barockbauten des Südens und Westens. Im Februar 1945 Zerstörungen durch Luftangriff. Am 7. September 1950 auf Beschluß der SED gesprengt. Der Deutsche Bundestag votiert 2002 für den Wiederaufbau des Berliner Schlosses mit barocker Fassade und Schlüterhof.

Zeittafel:

1631 Tilly erobert Magdeburg
1632 Gustav Adolf von Schweden fällt bei Lützen
1634 Ermordung Wallensteins
1643-1715 Ludwig XIV. von Frankreich
1649 Hinrichtung Karls I. von England – Diktatur Cromwells
1660 Wiedereinsetzung der Stuarts in England
1683 Belagerung Wiens durch die Türken
1688-1689 französische Heere verwüsten die Pfalz

Kurfürst Friedrich III. von Brandenburg
(1688 bis 1713)
seit 1701 König Friedrich I. in Preußen

* Königsberg/Pr., 11.7.1657, † Berlin 25.2.1713

∞ I. Potsdam 23.8.1679 **Landgräfin Elisabeth Henriette
  von Hessen-Kassel**
* Kassel 18.11.1661, † Berlin 7.7.1683

∞ II. Herrenhausen 8.10.1684 **Herzogin Sophie Charlotte von Braunschweig und
  Lüneburg**
* Schloß Iburg 30.10.1668, † Hannover 1.10.1705

∞ III. Berlin 28.11.1708 **Herzogin Sophie Luise von Mecklenburg-Schwerin**
* Grabow/Schwerin 16.5.1685, † Schwerin 29.7.1735

Friedrich III. focht bei seinem Amtsantritt das Testament seines Vater, dem Großen Kurfürsten, an. Dieser hatte verfügt, dass jeder seiner Söhne aus zweiter Ehe ein eigenes Fürstentum erhalten sollte. Mit diesem Testament war die Einheit des Staates in Frage gestellt worden. Friedrich III. verhinderte dies in langwierigen Verhandlungen mit dem Kaiser, von dem er seine sofortige Anerkennung erhielt.

Friedrich III. hatte körperlich und geistig wenig von seinem Vater geerbt, und tat sich anfangs schwer, dessen Platz auszufüllen. Von labilem Charakter, zeigte er sich oberflächlich und war leicht beeinflußbar durch seine Berater. Der Außenpolitik seines Vaters stand er zwar positiv gegenüber; vermochte es aber nicht, sie während seiner Regierungszeit konsequent auszubauen. Auch auf die Innenpolitik des Landes nahm er wenig Einfluß.

Konsequenz zeigte er jedoch in der Frage seiner Königskrönung. Dieses Ziel verfolgte er mit dem Tage seines Amtsantritts und verlor es nie aus dem Auge. Hier trafen sich persönlicher Wunsch und politische Notwendigkeit. Er hatte zwei Vorbilder vor Augen: einmal den Kurfürsten von Sachsen, der König von Polen geworden war, und den Kurfürsten von Hannover, der sich berechtigte Hoffnungen auf den englischen Thron machen konnte.

Friedrich III. wollte in Europa nicht ins Hintertreffen geraten. Ihm war aber unbedingt daran gelegen, die Anerkennung seines Königtums durch Kaiser Leopold I. zu erreichen. Es kam zu langwierigen und zähen Verhandlungen zwischen Wien und Berlin, in die sogar der Jesuitenorden eingeschaltet wurde. Erst die bevorstehende Auseinandersetzung um die spanische Erbfolge ließen den Kaiser schließlich nachgeben. Am 16. November 1700 wurde in Wien ein Kontrakt zwischen Österreich und Preußen unterschrieben, in dem sich Preußen verpflichtete, dem Kaiser 8000 Soldaten zur Verfügung zu stellen. Preußen garantierte bei künftigen Kaiser- und Königswahlen für Habsburg zu stimmen und auf noch ausstehende Zahlungen aus früheren Jahren zu verzichten. Im Gegenzug sagte der Kaiser Friedrich III. zu, eine preußische Königswürde anzuerkennen.

Am 18.Januar 1701 krönte sich der brandenburgische Kurfürst Friedrich III. in Königsberg zum König Friedrich I. in Preußen. Nicht auf Brandenburg, sondern auf dem außerhalb des Reiches liegenden Preußen sollte die Königswürde ruhen. König *in Preußen* und nicht *von Preußen* mußte er sich nennen, da der westliche Teil Preußens zu Polen gehörte. Erst 1772, als das Weichselland an Preußen fiel, nannte sich Friedrich der Große „König von Preußen".

Das Königsberger Schloß wurde 1255 vom Deutschen Orden erbaut.; in späteren Jahrhunderten mehrfach umgebaut sowie erweitert. Krönungsschloss (ab 1701) der Könige von Preußen. 1944/45 durch Kriegseinwirkungen weitgehend zerstört und 1969 von der sowjetischen Verwaltung dem Erdboden gleichgemacht.

Zweifellos war der Kronerwerb zunächst weitaus eher eine symbolische Rangerhöhung als ein Akt von unmittelbarer machtpolitischer Wirksamkeit. Doch im Zeitalter höfisch-barocker Repräsentation kam solchen Standeserhöhungen auch eine konkrete praktische Bedeutung zu.

Mit dieser Krönung begann das Zusammenwachsen zum preußischen Staat und das Erwachen der Idee einer Staatsnation, die vorher nicht existiert hatte. Seine Königskrönung in Königsberg gewann aber noch eine besondere Bedeutung durch die Tatsache, daß Friedrich III. zunächst sich und seine Frau im Schloß eigenhändig krönte. Erst im Anschluß kam es zur Salbung durch die Geistlichkeit in der Kirche. Durch diesen Akt wurde der weltliche Charakter des Königtums besonders hervorgehoben. Die Maxime seine politischen Handelns verdeutlichte er mit der Stiftung des „Schwarzen Adlerordens" und dessen Aufschrift „Suum cuique." (Jedem das Seine) am Vorabend seiner Krönung. Dieser Orden war die höchste Auszeichnung, die die preußischen Könige zu vergeben hatten.

König Friedrich I. unterstützte zu Beginn seiner Regierungszeit Wilhelm III. von Oranien bei dessen Bestrebungen, die Krone von England zu erwerben. Auf Seiten des Kaisers Leopold I. hatte er Ludwig XIV. bereits im Pfälzischen Erbfolgekrieg (1688-1697 bekämpft und dem Kaiser später im Spanischen Erbfolgekrieg (1701- 1714) ein Truppenkontingent zur Verfügung gestellt, das gegen Ende des Krieges eine Stärke von fast 30 000 Mann umfaßte. Diese Truppen gehörten zu den besten ihrer Zeit. Hervorragend ausgebildet, kämpften sie auf fast allen Kriegsschauplätzen in Europa und trugen in vielen Schlachten entscheidend zum Sieg bei.

Politisch konnte Friedrich I. keine Lorbeeren ernten; bei den Friedensschlüssen wurde Preußen fast immer übergangen und so hat er sein Territorium kaum erweitern können. Aus der oranischen Erbschaft fielen 1702 die Grafschaft Moers mit Krefeld, das Fürstentum Lingen an der Ems, sowie 1707 das Fürstentum Neuenburg (Neuchâtel) und die Grafschaft Tecklenburg in Westfalen an Preußen. Den Schwiebuser Kreis, die magere Entschädigung für die vorenthaltene schlesische Erbschaft, gab er an Österreich zurück.

Durch seinen jahrelangen Einsatz für den Kaiser gebunden, konnten preußische Truppen nicht in den Nordischen Krieg (1700-1721) zwischen Schweden, Dänemark, Rußland und Schweden eingreifen. In diesem Krieg ging es um die Vorherrschaft im Ostseeraum, was auch Preußens Interessen tangierte.

Friedrich I. war ein verschwenderisch lebender Herrscher, der sich keinen Sparzwängen unterwarf. Sein Hofstaat war viel zu groß und in den letzten Regierungsjahren herrschten unter seinem Minister von Wartenberg Misswirtschaft und Korruption. Zu guter Letzt führte dessen Unfähigkeit, die in Ostpreußen wütende Pest erfolgreich zu bekämpfen zu dessen Ablösung.

Lorbeer erwarb sich König Friedrich I. auf dem Sektor der Kunst und Wissenschaft, die er eifrig förderte. 1694 gründete er die Friedrich-Universität in Halle, in der erstmals in deutscher Sprache gelehrt wurde.

König Friedrich I. gab zudem Berlin einen repräsentativen baulichen Rahmen: Die schnell über die Wallanlagen hinauswachsende Stadt erhielt neue Vorstädte wie Dorotheenstadt und Friedrichstadt. 1696 folgte die Gründung der Akademie der Künste in Berlin, 1701 entstand die Königlich Preußische Akademie der Wissenschaften, deren erster Präsident Leibniz wurde. Dieser erfreute sich der Gunst der feinsinnigen Königin Sophie Charlotte. Mit dem Charlottenburger Schloß erhielt die Königin eine Residenz, die zum Anziehungspunkt für Künstler, Musiker, Dichter und Wissenschaftler werden sollte.

Der Baumeister Andreas Schlüter verwandelte das Berliner Schloß in einen prächtigen Barockbau, baute das Zeughaus und schuf zu Ehren des Großen Kurfürsten dessen Reiterstandbild. Sein Nachfolger wurde Eosander von Goethe, von dem die Erweiterungsbauten des Berliner und Charlottenburger Schlosses stammen.

Zeittafel:

1689-1725 Zar Peter der Große schiebt Russland bis zur Ostsee vor und erhebt es zur europäischen Großmacht.
1702 stirbt Wilhelm III. von Oranien, seit 1689 König von England
1709 Niederlage Karls XII. von Schweden bei Poltawa: Schweden verliert seine Machtstellung im Norden Europas
1713 Pragmatische Sanktion, regelt die weibliche Erfolge im Hause Habsburg
1714 Kurfürst Georg von Hannover wird König von England
1715-1774 Ludwig XV. von Frankreich
1736 Tod des Prinzen Eugen

König Friedrich Wilhelm I. in Preußen
(1713 bis 1740)

* Cölln/Spree 15.8.1688, † Potsdam 31.5.1740
∞ Berlin 28.11.1706 **Prinzessin Dorothea von Großbritannien**
* Hannover 26.3.1687, † Berlin 28.6.1757

Friedrich Wilhelm I. wuchs in einer Welt höfischen Glanzes auf. Die Verschwendungssucht am Berliner Hof weckte in ihm eine tiefe Abneigung gegenüber der maß- und zügellosen Lebensführung. Seine Welt war vielmehr nüchtern, sparsam und durchaus spartanisch. Schon in jungen Jahren führte er genau Buch über seine Einnahmen und Ausgaben. In Wusterhausen, südöstlich von Berlin gelegen, bereitet er sich – fernab von dem Treiben am königlichen Hof – auf die Regierungsübernahme vor. Hier entwickelte er Vorstellungen über den Staatsaufbau und das Regierungsgeschäft. Schon als Kronprinz kümmerte er sich um alle Details und bestand stets auf genauer Ausführung seiner Anordnungen. Indem er das heruntergewirtschaftete Gut Wusterhausen in einen Musterbetrieb verwandelte, offenbarte er erstmals seine Tüchtigkeit und Durchsetzungsfähigkeit.

Noch keine 25 Jahre alt, übernahm Friedrich Wilhelm I. am 25. Februar 1713 die Regierungsgeschäfte. Wohl vorbereitet begann er unverzüglich das bestehende System von Grund auf umzuwandeln. Das höfische Gepränge wurde beseitigt. An die Stelle des äußeren Scheins trat solide Arbeit. Die Hofhaltung wurde auf ein Minimum reduziert, die meisten Schlösser verpachtet oder versteigert, nur Charlottenburg, Potsdam, Monbijou und Köpenick blieben verschont. Friedrich Wilhelm I. beschränkte die gesamten Hofausgaben auf ein Jahresbudget von 52 000 Talern.

Von Anfang an widmete er seine ganze Person der Regierungstätigkeit und schonte sich nicht. Aus der Religion, die zum beherrschende Faktor seines Lebens wurde, schöpfte er die notwendige Kraft. Er war im calvinistischen Bekenntnis erzogen worden. Sein Pflichtgefühl war getragen von schlichter, inniger Frömmigkeit, die er auch in seinen Untertanen verankert wissen wollte. Die Seligkeit gehörte Gott, aber alles Übrige ihm, dem Sachverwalter des königlichen Staates. Er fühlte sich von Gott eingesetzt und nur Gott verantwortlich.

Friedrich-Wilhelm I. nahm als absoluter Herrscher alle Gewalt für sich in Anspruch, mit dem Ziel, Not und Armut zu lindern und sein Land von seinen Nachbarn unabhängig zu machen. Er war es, der den Staat Preußen mit allen seinen typischen Merkmalen geschaffen hat. Grundlage der Unabhängigkeit Preußens war eine schlagkräftige Armee, die aus eigenen Mitteln unterhalten werden konnte. Die Finanzierung bedingte eine florierende Wirtschaft. Er verbesserte die Rahmenbedingungen der Wirtschaft von Grund auf und ordnete das Finanzwesen.

Der erste Schritt zur Besserung war die Herstellung einer klaren Übersicht über die jährlichen Einnahmen und Ausgaben. Dieser Etat durfte auf keinen Fall überschritten werden. Außerplanmäßige Ausgaben mussten von König Friedrich Wilhelm I. genehmigt werden. Als Kontrollorgan schuf er die Oberrechnungskammer in Potsdam, die auch Korruption und Vetternwirtschaft bekämpfte. Sparsam wie am Hofe ging es auch im Heer und in der ganzen Verwaltung zu. Des Königs Erfolge waren nach wenigen Jahren sichtbar: Die einstige Staatsverschuldung existierte nicht mehr.

Friedrich Wilhelm ging in seiner Arbeit auf. Er scheute sich nicht, auch um Kleinigkeiten zu kümmern, verlor dabei aber nicht das Ganze aus den Augen. Stets ging er ohne theoretische Erwägungen von den Erfahrungen des praktischen Lebens aus. Ihm war klar, dass Preußen als ein armes Land ohne natürliche Ressourcen es sich nicht leisten konnte, Schulden zu machen.

Friedrich Wilhelms forderte stets von seinen Beamten, ein finanzielles Plus zu erwirtschaften. So erhöhte er die Einnahmen durch eine sorgfältigere Bewirtschaftung der königlichen Domänen. Er setzte fest, dass diese unveräußerlich waren und verpachtet wurden. Die Einnahmen aus der Landwirtschaft waren jedoch nicht so bedeutsam wie die indirekte Steuer, die Akzise. Diese wurde seit dem Großen Kurfürsten in den Städten auf den Verbrauch der wichtigsten Waren erhoben. Ihr Ertrag wuchs, sobald der Verbrauch der Waren zunahm, für die diese Steuer erhoben wurde, das heißt, wenn sich das Wirtschaftsleben der Städte günstig entwickelte. Das hatte zur Folge, dass im 18. Jahrhundert der preußische Staat am Gedeihen der Städte weitaus lebhafter interessiert war als an der Landwirtschaft, deren Abgaben ein für allemal festgesetzt waren.

Beim Regierungsantritt von Friedrich Wilhelm I. besaß Preußen noch zwei getrennte Finanzbehörden, der einen waren die Domänen anvertraut, mit dem Generalfinanzdirektorium an der Spitze , der anderen die Verwaltung der Steuern, insbesondere der Akzise. 1723 schloss er im „Generaldirectorium" die gesamte Finanz – u. Wirtschaftsverwaltung zusammen. Die königlichen Domänen wurden ihm ebenfalls zugeordnet.

Der König hatte erkannt, dass die Erzeugung von industriellen Waren wie Tuch, Leinen, Seidenwaren in Preußen weit hinter dem Bedarf zurückblieb und das Land somit auf Importe angewiesen war. Das bedeutete, dass Preußen pro Jahr Devisen ins Ausland für Waren transferierte, die es selbst herstellen konnte. Friedrich Wilhelms Ziel war, dass seine Untertanen alles, was sie im Lande erzeugten, auch selbst verarbeiteten und möglichst wenig aus dem Ausland kauften. Das Ergebnis seiner Fiskalpolitik waren steigende Steuereinnahmen und ein solider Haushalt.

Das stabile Staatsbudget bildete die Basis für Friedrich Wilhelms zweite tragende Säule Preußens – das Heer. Diesem galt seine wachsende Aufmerksamkeit. Während König Friedrich I. seine Soldaten noch an ausländische Mächte vermietet hatte, blieb Friedrich Wilhelm ein Friedensfürst, für den sein Heer ausschließlich der Landesverteidigung diente.

Von 1733 an mussten alle nachgeborenen Bauernsöhne und die Kleinbürger ihre Dienstpflicht im Heer absolvieren. Der Bürger wie auch der Handwerker auf dem Land blieben vom Militärdienst befreit, denn ihr Gewerbefleiß wurde gebraucht, um dem Staat die nötigen Einnahmen zu gewährleisten. Aufgrund der geringen Einwohnerzahl Preußens reichte es nicht, die erforderliche Sollstärke ausschließlich aus der Bevölkerung zu rekrutieren. Stets musste ein Teil im Ausland, das heißt vornehmlich in den deutschen Kleinstaaten angeworben werden. Die ungleiche und widerwillige Zusammensetzung machte harte Strafbestimmungen notwendig. Der preußische Militärdienst war berüchtigt.

Der Soldatenkönig

König Friedrich Wilhelm I. wurde aufgrund seines Faibles für alles Militärische „der Soldatenkönig" genannt. Er führte zahlreiche Neuerungen in die Armee ein: die Verwendung des eisernen Ladestocks, den Gleichschritt, welcher der Infanterie beim Angriff in geschlossenen Reihe eine taktische Überlegenheit bot. Durch ein straffes Exerzierreglement wurde die Lade- und Feuergeschwindigkeit im Gefecht erheblich verbessert. In Disziplin und Schlagkraft war sie den Streitkräften der Nachbarstaaten bald ebenbürtig bis überlegen.

1713 erhöhte der König die Truppenstärke auf 45 000; 1729 waren es bereits 69 000 und 1740 erreichte das preußische Herr eine Sollstärke von 76 300 Mann. Damit unterhielt Preußen in Europa die viertgrößte Armee, obwohl es gemessen an der Fläche nur den zehnten, an Einwohnerzahl (2,25 Millionen Einwohner) nur den 13. Platz einnahm. Die Reform der Armee war auf Dauer erfolgreich. Ihre Soldaten waren hervorragend ausgebildet, einheitlich gekleidet, diszipliniert und konnten lesen und schreiben.

Aus der Armee gingen Männer hervor, die ein neues Selbstbewußtsein entwickelt hatten. Die Uniform, die sie trugen, war der Rock des Königs, ihres neuen Vorgesetzten und dieser stand über denjenigen, die bis dahin über sie bestimmt hatten. Der König gab seinem Heer den festen Rückhalt eines pflicht- und ehrbewussten Offizierskorps und zugleich stellte er dem politisch entmachteten Adel eine neue Aufgabe, die ihn zu einem wichtigen und nützlichen Teil des Staates machte. Die Bevorzugung des Adels hatte den Sinn, diesen für den Staatsdienst zu gewinnen. Im Kadettenkorps wurden die Söhne des Adels auf die Offizierslaufbahn vorbereitet.

So sparsam der Soldatenkönig auch veranlagt war, für seine „langen Kerls" – besonders ausgewählte, große Gardesoldaten – war ihm nichts zu teuer. Die in ganz Europa angeworbenen Soldaten kosteten ihn zwischen 1713 und 1735 zwölf Millionen Taler allein an Werbegeldern. Militärisch gesehen waren diese Regimenter allerdings nicht von großem Nutzen, sie dienten primär Repräsentationszwecken.

Die Armee war der größte Verbraucher; ihre Bedürfnisse schafften Arbeitsplätze und zugleich gaben die Soldaten Geld aus.

Unter dem Soldatenkönig gab es einen ausgeglichenen Staatshaushalt. Das war damals mehr als ungewöhnlich und rief im übrigen Europa großes Erstaunen hervor. Der Haushalt war auf sieben Millionen Taler pro Jahr veranschlagt, davon kamen fast die Hälfte (3,5 Millionen) allein aus den staatlichen Domänen. Das Heer benötigte fünf Millionen Taler, der Rest ging an die Staatsverwaltung. Bei seinem Tod hatte er seinem Sohn Friedrich II. einen Staatsschatz von acht Millionen Talern hinterlassen.

Eine wesentliche Voraussetzung dieser Erfolge war das von dem Soldatenkönig geschaffene Beamtentum. In ihm besaß er willige und fähige Mitarbeiter. Waren diese bei seinem Regierungsantritt noch stark auf ihren persönlichen Vorteil bedacht und konnten bei besseren Angeboten jederzeit den Dienst quittierten, so änderte er deren Dienstverhältnis radikal. Wie unter den Offizieren, so wählte er auch unter den Beamten nur noch Landeskinder aus, bei denen er Anhänglichkeit und Treue erwarten durfte. Er stellt die Beamten grundsätzlich nicht in ihrer Heimatprovinz an, um „Vetternwirtschaft" zu verhindern. Beamte hatten nur ihm, dem König, und dem durch ihn verkörperten Gesamtstaat zu dienen. Von den Beamten forderte er unbedingte Hingabe, denn nach seinem

Selbstverständnis war der Dienst des Beamten kein Vertragsverhältnis mit gegenseitigen Rechten und Pflichten, sondern es war ein Lebensberuf.

Beamte, die sich dem Dienst des Königs widmeten, hatten Anspruch auf ein festes Gehalt. Friedrich Wilhelm hatte dafür Sorge getragen, dass die Gehälter pünktlich ausbezahlt werden. Aber mehr als die Sicherung seines Lebensunterhalts durfte der Beamte nicht fordern, noch durfte er kündigen.

Des Königs Stärke bestand darin, seine Prinzipien seinen Untertanen vorzuleben. Es war unvermeidlich, dass selbst die gewaltige Arbeitskraft des Königs nicht alle Gebiete des Staatslebens in gleicher Weise erfassen und neu gestalten konnte. So erfuhr die Justiz nur wenig Förderung von ihm, obwohl er gleich nach seinem Regierungsantritt den Befehl gab, binnen Jahresfrist ein einheitliches Landrecht als feste Grundlage für die Rechtsprechung auszuarbeiten. Es änderte sich nichts, da sich der König auf dem Gebiet der Rechtsprechung unsicher fühlte und eine besondere Abneigung gegen Advokaten hegte.

Der König betrieb eine erfolgreiche Siedlungspolitik, indem er an die 20 000 aus dem Fürsterzbistum Salzburg vertriebene Protestanten bei sich aufnahm und mit ihrer Hilfe Ostpreußen, wo weite Landstriche durch die Pest verödet waren, zu neuer Blüte brachte.

Für Wissenschaften und Künste blieb da wenig Zeit und Neigung. Der Gedanke, dass Kunst und Wissenschaft jedem Staat unschätzbaren Gewinn einbringen, blieb dem Soldatenkönig Zeit seines Lebens fremd. Entspannung fand er neben der Jagd und in seinem Tabakskollegium, bei der Malerei.

Für die verschlungenen Pfade der damaligen Außenpolitik hatte dieser lautere Charakter kein Verständnis. Er durchschaute die komplizierten politischen Manöver nicht und spielte daher in den politischen und militärischen Auseinandersetzungen jener Zeit keine Rolle.

Er war reichs- u. kaisertreu wie wenige Fürsten seiner Zeit, aber auch das brachte ihm nicht den erhofften politischen Gewinn. Nur im letzten Abschnitt des Nordischen Krieges (1700 bis 1721) holte er sich Stettin, Vorpommern bis an die Peene, sowie die Inseln Usedom und Wollin. 1739 erhielt er aus dem Jülicher Erbe die Grafschaft Berg.

Der Konflikt zwischen ihm und seinem Sohn Friederich entzündete sich bei der Erziehung an der zu großen Strenge und der starren Gerechtigkeit. König Friedrich Wilhelm I. unterdrücke die schöngeistigen Interessen und Neigungen des Kronprinzen. 1730 konnte der Kronprinz dem Druck nicht mehr widerstehen und versuchte nach England zu fliehen. Der Fluchtversuch scheiterte. Der Kronprinz wurde von seinem Vater zu Festungshaft verurteilt, sein Fluchthelfer und Freund, Hermann von Katte, vor seinen Augen in Küstrin enthauptet.

König Friedrich Wilhelm I. war ein Vorbild an Bedürfnislosigkeit: Pflichterfüllung, Sparsamkeit, Bescheidenheit. Ordnung und Disziplin prägten sein Leben bis zum letzten Atemzug. Er starb im Alter von 52 Jahren, nachdem er das Land 27 Jahre regiert hatte. Seinem Sohn und Nachfolger gab er in seinem mit auf de„Der liebe Gott", so heißt es in dem für seinen Nachfolger bestimmten „hat euch auf den trohn gesetzt nicht zu faullenzen sondern zu arbeitten und seine Lender wohll zu Regiren".

König Friedrich II. von Preußen
(1740 bis 1786)
Friedrich der Große

* Berlin, 24.1.1712, † Sanssouci 17.8.1786
∞ Salzdahlum 12.6.1733 **Prinzessin Elisabeth Christine**
   von Braunschweig-Bevern
* Bevern 8.11.1715, † Berlin 13.1.1797

König Friedrich II. wurde am 24. Januar 1712 in Berlin geboren. Er war hochintelligent, besaß eine ausgeprägte Begabung für die Musik, liebte die französische Literatur und das höfische Leben. Der Konflikt mit seinem Vater war vorprogrammiert. Sein Vater, der Soldatenkönig, ließ den jungen Friedrich mit militärischer Strenge erziehen. Dagegen lehnte sich Friedrich auf und es kam 1730 zum offenen Konflikt zwischen Vater und Sohn. Friedrichs Fluchtversuch nach England scheiterte. Der König zwang ihn, der Hinrichtung seines Freundes Hermann von Katte beizuwohnen und enthob ihn zeitweise seines Status als Kronprinz. Nach einer kurzen Festungshaft in Küstrin, widmete Friedrich sich der Verwaltung und diente als Regimentschef in Ruppin.

1732 heiratete er Prinzessin Elisabeth Christine von Braunschweig und erhielt wieder den Status des Kronprinzen. Von 1736 bis 1740 lebte Friedrich auf Schloß Rheinsberg, wo er sich dem Studium der Philosophie, Geschichte, Literatur und dem Flötenspiel widmete. 1739 verfaßte er den „Antimachiavell" – ein Werk über skrupellose Machtpolitik. Darin setzte er sich kritisch mit den politischen Analysen des Publizisten Niccolo Machiavelli auseinander. Er trat für eine friedliche und von den Prinzipien der Aufklärung geleitete Herrschaft ein. Sein Credo lautete: Der Herrscher als der „erste Diener seines Staates" sei uneingeschränkt souverän, aber grundsätzlich der Wohlfahrt seines Volkes verpflichtet.

Nach dem Tod seines Vaters, mit dem er sich ausgesöhnt hatte, übernahm Friedrich II. 1740 die Regierungsgeschäfte. Erfüllt von Ungeduld und Energie betrat er sehr bald die politische Bühne Europas. Im Gegensatz zu seinem Vater verfolgte er eigene Machtinteressen.

Ebenfalls 1740 wurde in Wien Maria Theresia nach dem Tod ihres Vaters, Kaiser Karl VI. , Erzherzogin von Österreich. Friedrich II. zögerte keinen Augenblick, das seit Generationen vorenthaltene schlesische Erbe zurückzuverlangen. Die rechtliche Begründung seiner Ansprüche war nicht besser und nicht schlechter als die meisten juristischen Beweise der damaligen Zeit. Er berief sich auf die mit den schlesischen Herzögen 1537 beschlossenen Erbverträge, die das Haus Habsburg nie anerkannt hatte. Die Habsburger traten das schlesische Erbe 1675 einfach an. Der Große Kurfürst hatte unter dem Druck der politischen Gesamtlage darauf verzichtet. Dessen Sohn, der spätere König Friedrich I., hatte sich sogar zur Rückgabe der bescheidenen Entschädigung des Schwiebuser Kreises überreden lassen. Friedrich II. erklärte jetzt die alten Ansprüche für nicht erloschen. Als Gegenleistung war er bereit, die „Pragmatische Sanktion" anzuerkennen. Diese ist ein grundlegendes habsburgisches Hausgesetz, das nach dem Erstgeburtsrecht ebenfalls die weibliche Thronfolge ermöglichte.

Der alte Fritz

Maria Theresia lehnte die Forderung von Friedrich II. ab. Daraufhin besetzten preußische Truppen Schlesien. Der preußische General von Schwerin siegte bei Mollwitz (10. April 1741) und eröffnete damit den 1. Schlesischen Krieg, der sich zum Österreichischen Erbfolgekrieg ausweitete. Die Kontrahenten in diesem Krieg waren: Frankreich, Bayern und Spanien gegen Österreich und England.

Friedrich II. zog sich im Frieden von Breslau (28. Juli 1742), der ihm Schlesien einbrachte, aus der Koalition gegen die Habsburger zurück. 1744 erwarb er Ostfriesland, nachdem das dortige Herrscherhaus ausgestorben war.

Maria Theresia ließ sich durch die Niederlage und den Verlust von Schlesien aber nicht entmutigen und erstarkte nach kurzer Zeit wieder militärisch. So sah sich Friedrich II. erneut gezwungen, gegen Österreich einzugreifen und löste den 2. Schlesischen Krieg aus. Am 4. Juni 1745 siegte er bei Hohenfriedberg gegen die Sachsen und Österreicher. Im Frieden von Dresden (25. Dezember 1745), der den 2. Schlesischen Krieg beendete, verblieb Schlesien bei Preußen. Im Gegenzug erkannte er Maria Theresias Ehemann Franz I. als Kaiser des Heiligen Römischen Reiches Deutscher Nation an.

In den folgenden zehn Friedensjahren widmete sich Friedrich dem Ausbau von Verwaltung und Wirtschaft in Preußen. 1745 begann sein Hofarchitekt von Knobelsdorff mit dem Bau des Schlosses Sanssouci in Potsdam, das zwei Jahre später vollendet wurde. Es ist die Zeit der Tafelrunde von Sanssouci, der Konzerte, der Gespräche mit dem französischen Philosophen Voltaire, der fast drei Jahre als Gast von Friedrich dort verbrachte. Er schrieb 1750 an Thierot: „ Ich genieße die Gunst und den Umgang eines der größten Könige, die je gelebt haben, eines Philosophen auf dem Thron, eines Helden, der selbst das Heldentum gering schätzt und der in Potsdam wie Plato mit seinen Freunden lebt. Noch nie hat man so viel Größe und so wenig Dünkel gesehen, noch nie war der klarste und solideste Verstand mit so viel Anstand geschmückt."

Die friedlichen Jahre wurden durch ein neues Militärbündnis mit Österreich an der Spitze abrupt beendet. Zur Rückgewinnung Schlesiens schloß Maria Theresia sich mit Frankreich, Russland, Schweden und Sachsen zusammen. Preußen hatte als einzigen Verbündeten England-Hannover. 1756 brach der dritte Krieg um Schlesien, der sogenannte Siebenjährige Krieg, aus. In der Abwehr der Gegner, die von allen Seiten mit gewaltiger Übermacht gegen Preußen vorgingen, erwies sich König Friedrich Ii. als großer Feldherr und Stratege, der aber auch in der Niederlage Größe bewahrte und dennoch zäh und verbissen an seinen politischen Zielen festhielt.

Nach den Siegen bei Roßbach (5. November1757) gegen Franzosen und Reichstruppen, bei Leuthen (5. November1757) gegen die Österreicher und bei Zorndorf (25. August 1758) gegen die Russen, brachten Preußen die Niederlagen von Hochkirch (14. Oktober 1758) und Kunersdorf (12. August 1759) dem Untergang nahe. 1760 wurde Berlin für kurze Zeit von russischen Truppen besetzt. In den folgenden zwei Jahren konnte sich Friedrich II. durch die Siege bei Liegnitz (15. August 1760) und Torgau (3. November 1760) wieder Luft verschaffen, doch Preußen war am Ende seiner Kräfte und hätte die Lasten des Krieges nicht länger tragen können. Da trat ein Ereignis ein, auf das Friedrich schon seit Jahren gehofft hatte; Zarin Elisabeth starb und der Preußenfreund Zar Peter III. bestieg den Thron. Sein Ausscheren aus der Koalition gegen Friedrich II. rettete Preußen vor der Vernichtung.

Allgemeine Kriegsmüdigkeit und Erschöpfung aller kriegführenden Parteien und die Erkenntnis, dass Friedrich II. ein zu starker Gegner war, führten 1763 zu den Friedensverhandlungen von Hubertusburg. Der Siebenjährige Krieg wurde beendet. Dieser Friedensschluss brachte Preußen keinen Gebietszuwachs, reihte es aber endgültig unter die Großmächte ein. Es konnte jetzt im Konzert der Großen die Rolle übernehmen, die seiner militärischen und wirschaftlichen Kraft zukam. In Zukunft beruhte das Gleichgewicht in Europa auf der Pentarchie – der Herrschaft der fünf Mächte – Frankreich, Österreich, Rußland, Großbritannien und Preußen.

Nach dem Friedensschluß ging Friedrich daran, die Zerstörungen, die der Krieg dem Land zugefügt hatte, zu beseitigen. Der Wiederaufbau bildete den Abschluß der Kolonialbewegung, die im Mittelalter begonnen hatte. Durch Kriegsfolgen hatte Preußen rund 400 000 Menschen seiner fünf Millionen Einwohner verloren. Es kam zur Ansiedlung von 300 000 Einwanderern, die somit die großen Verluste ausglichen. Es folgten die Jahre, in denen Friedrich den Oder – und Warthebruch trockenlegen ließ, den Staatshaushalt sanierte und ein merkantilistisches Wirtschaftssystem einführte.

Schloss Sanssouci wurde von G. W. v. Knobelsdorff 1745-1748 erbaut.
1746-1747 wurden die Kolonnaden angefügt und 1755-1764 erbaute
J. G. Büring die berühmte Bildergalerie.

Die Sorge, daß auch der Schwache immer sein Recht finde, durchzog die ganze Regierungszeit von Friedrich II. Schon 1747 wurde eine neues Prozeßrecht eingeführt und die Folter abgeschafft. Am Ende seiner Regierungszeit stand die Ausarbeitung des Preußischen Allgemeinen Landrechts, eines umfassenden Gesetzbuchs, das am 1. Juni 1794 unter seinem Nachfolger König Friedrich Wilhelm II. in Kraft trat und das seine Geltung bis 1900, teilweise sogar bei 1933 beibehielt.

Der König kümmerte sich um alles, bereiste seine Provinzen in regelmäßigen Abständen, hatte ein offenes Ohr für Klagen und überwachte alle Maßnahmen persönlich. Die Anforderungen, die der Staat in diesen Jahren an Friedrich stellte, wuchsen ins Unermeßliche und überforderten auch seine Leistungsfähigkeit.

Er förderte in großzügigem Maße Kunst und Wissenschaft. Neben Sanssouci ließ er in Potsdam das Neue Palais bauen und in Berlin die katholische Hedwigskirche. Dreimal noch mußte der König eine drohende Verschiebung der europäischen Machtbalance verhindern. Bei der 1. Polnischen Teilung von 1772 erhielt er das Ermland und Westpreußen, allerdings ohne Danzig und Thorn, doch er hatte endlich die langersehnte Landverbindung zwischen Pommern und Preußen bekommen. Seit diesem Zeitpunkt nannte sich Friedrich II. „König *von* Preußen" und nicht mehr wie seine beiden Vorgänger „König *in* Preußen".

Als der österreichische Kaiser Joseph II. sich über das Erbrecht der pfälzischen Wittelsbacher hinwegsetzend, Bayern erwerben wollte, griff Friedrich der Große militärisch ein. Im Frieden von Teschen von 1779 sorgte er dafür, daß Bayern ein selbständiges Territorium unter den Wittelsbachern blieb. Preußen bekam Ansbach-Bayreuth zugesprochen. 1785 wandte sich Friedrich gegen die österreichische Vorherrschaft im Reich und gründete den Deutschen Fürstenbund.

Preußen wuchs unter Friedrich dem Großen von 121 000 auf 199 000 Quadratkilometer, von 3,5 auf 5,5 Millionen Einwohner. Brandenburg-Preußen war das erste Land, in dem europäisch gedacht wurde, während bei den anderen europäischen Mächten noch vorwiegend ethnische und religiöse Aspekte im Vordergrund standen. Friedrich schloß als erster Regent einen Freundschafts- und Handelsvertrag mit den Vereinigten Staaten. In dem Vertragswerk wurde explizit erstmals in der Geschichte auf die Menschenrechte eingegangen.

Während das Königtum beim Volk weiter auf den von König Friedrich Wilhelm I. geweckten religiösen Vorstellungen beruhte, sah Friedrich der Große selbst alles mit den Augen der Aufklärung. Aus seinem Vernunftglauben ergab sich für ihn die religiöse Toleranz. Er war Regent, Philosoph, Schriftsteller und Feldherr – alles in einer Person. Seine Schriften füllen 40 Bände, drei davon enthalten seine Korrespondenz mit Voltaire.

Die französische Sprache und Literatur erschien Friedrich dem Großen als das einzig angemessene Ausdrucksmittel strenger Logik. Darum bemühte er sich in zahlreichen poetischen, philosophischen Werken den sprachlichen Schliff Voltaires und der französischen Klassiker zu erreichen. Die von anderen Kräften getragene deutsche Dichtung blieb ihm dagegen fremd.

In 46 Regierungsjahren, davon 36 Friedensjahren, hatte Friedrich II. von Preußen in schweren, wechselvollen Kämpfen und in harter Arbeit das kleine Preußen zum modernsten Staatsgebilde Europas gemacht. Seine letzter Wille lautete: Ohne Brimborium wolle er in aller Stille im Schein einer Laterne bei seinen geliebten Windhunden auf der obersten Terrasse von Sanssouci beigesetzt werden. Sein Nachfolger Friedrich Wilhelm II. ignorierte das Vermächtnis. Erst 1991, an der 205. Wiederkehr seines Geburtstages, wurde der letzte Wunsch von Friedrich dem Großen erfüllt.

Schloß Sanssouci

Obere Terrasse

König Friedrich Wilhelm II. von Preußen
(1786 bis 1797)

* Berlin 25.9.1744, † Potsdam16.11.1797

∞ I. Charlottenburg 14.7.1765 **Prinzessin Elisabeth von**
Braunschweig-Wolfenbüttel
(gesch. 21.4.1769)
* Wolfenbüttel 8.11.1746, † Friedrichsgnade bei Stettin 18.2.1840

∞ II. Berlin Charlottenburg 14.7.1769 **Prinzessin Friederike von Hessen-Darmstadt**
* Prenzlau 16.10.1751, † Berlin 25.2.1805

Da die Ehe von Friedrich dem Großen kinderlos geblieben war, bestieg sein Neffe Friedrich Wilhelm den Thron. Er war der Sohn des Prinzen August Wilhelm, des zweiten Sohnes von König Friedrich Wilhelm I, dem „Soldatenkönig".

Friedrich Wilhelm II. fiel schon in seiner Jugend unangenehm durch seinen undisziplinierten Lebenswandel auf. 1765 heiratete er zum ersten Mal, doch wurde diese die Ehe bereits vier Jahre wieder geschieden, ein unerhörter Vorgang für die damalige Zeit. Mit seiner zweiten Frau, Friederike von Hessen-Darmstadt, hatte er sieben Kinder. Er führte ein sehr bewegtes Liebesleben. Mit seiner langjährigen und wohl bekanntesten Geliebten, Wilhelmine Encke, hatte er mehrere Kinder. Aus Dankbarkeit für ihre Treue, ernannte er sie zur Gräfin Lichtenau. Sie hielt sich vom politischen Tagesgeschäft fern, blieb ihm aber bis zu seinem Tod in Liebe und Verehrung verbunden.

Aus weiteren morganatischen Verbindungen gingen Kinder hervor. Eines von ihnen war Graf Friedrich Wilhelm von Brandenburg (1792 bis1850), der spätere preußische Ministerpräsident (1848 bis1850).

Der im Volksmund als „Vielgeliebte" König Friedrich Wilhelm II. hinterließ politisch kaum Spuren. Seine militärischen Fähigkeiten reichten bei weitem nicht an die Taten Friedrichs des Großen heran. Dennoch wollte er durch großen Gebietszuwachs neben ihm würdig bestehen. So beteiligte sich die preußische Armee 1792/93 im Bündnis mit Österreich an dem Feldzug gegen das revolutionäre Frankreich, um den Thron des gestürzten französischen Königs Ludwigs XVI. zu retten. Dieser Feldzug stand von Anfang an unter einem ungünstigen Stern und nach ersten Erfolgen führte die Kanonade von Valmy am 20. September 1792 zum Rückzug der preußischen Truppen. Zum ersten Mal hatten die revolutionären Truppen der französischen Republik der preußischen Armee erfolgreich Widerstand geleistet.

Friedrich Wilhelm II. wandte sich nun Polen zu, weil er hier Entschädigungen für seine militärisches Engagement im Westen zu erhalten hoffte. In der 2. Polnischen Teilung erhielt Preußen Danzig, Posen und Thorn und bei der 3. Polnischen Teilung Zentralpolen mit Warschau, allerdings nur für elf Jahre, denn 1806/07 gingen diese Erwerbungen wieder verloren. Der jahrelange militärische Einsatz auf zwei Kriegsschauplätzen gleichzeitig erschöpfte Preußens Finanzen derart, daß das Königreich seine Truppen nur noch mit finanzieller Unterstützung durch England im Feld belassen konnte. Und wieder war Preußen – wie schon zu Zeiten seines Urgroßonkels, König Friedrich I. in Preußen – von Zahlungen aus dem Ausland abhängig. Als England seine Zahlungen einstellte, ließ sich König Friedrich Wilhelm II. zu Friedensverhandlungen mit Frankreich bewegen. 1795 wurde der Sonderfriede von Basel beschlossen, in dem Preußen Frankreich das linke Rheinufer einschließlich der preußischen Besitzungen am linken Niederrhein überließ; ganz Norddeutschland wurde neutralisiert. Preußen hoffte damit seinen Beitrag zur Lösung der europäischen Spannungen zu leisten. Diese so teuer erkaufte Ruhe führte jedoch nicht zu einer gründlichen Erneuerung des Staates.

Friedrich Wilhelms II. Regierungstätigkeit war in erheblichem Maße von Günstlingswirtschaft sowie von spiritistischen Neigungen (Rosenkreuzorden, der sich gegen die Aufklärung wandte) des Monarchen beeinflußt. Er gab sich volkstümlich, verprellte aber seine Untertanen durch das Religions- und Zensuredikt des Ministers Woellner, das jede Abweichung vom kirchlichen Lehrbegriff verbot und unerträglichen Gewissenszwang ausübte. Sogar der Königsberger Philosoph Immanuel Kant bekam die Folgen zu spüren.

Gegen Ende seiner Regierungszeit wurde das Allgemeine Preußische Landrecht eingeführt, das Schulwesen einer Zentralbehörde unterstellt. Friedrich Wilhelm II. verschönte Berlin durch weitere Bauten und Denkmäler – so 1793 mit dem Brandenburger Tor. Die deutsche Sprache, die klassische und frühromantische Dichtung und vor allem die Musik wurden gefördert. Die Akademie der Wissenschaften nahm deutsche Gelehrte auf.

In seiner elfjährigen Regierungszeit hatte er in einer Zeit der revolutionären Umbrüche mit viel Mühe den preußischen Staat in seiner Substanz erhalten können.

Zeittafel

1789 Erstürmung der Bastille in Paris
1792 Frankreich wird Republik

König Friedrich Wilhelm III von Preußen
(1797 bis 1840)

* Potsdam 3.8.1770, † Berlin 7.6.1840

∞ I. Berlin 24.12.1793 **Herzogin Luise von Mecklenburg-Strelitz**

* Hannover 10.3.1776, † Hohenzieritz, Meckl. 19.7.1810

∞ II. (morganatische Ehe) Berlin 9.11.1824

   Auguste Fürstin v. Liegnitz, Gräfin von Hohenzollern

* Dresden 30.8.1800, † Homburg vor der Höhe 5.6.1873

Friedrich Wilhelm III. wuchs in einem lieblosen Elternhaus auf und lehnte den aufwendigen Lebensstil seines Vaters schon als Kind ab. Als junger Soldat lernte er die Schrecken des Krieges kennen und wurde zu einem friedliebenden Herrscher und lehnte Kriege ab. Seine Ehe mit Luise war von tiefer, gegenseitiger und wachsender Liebe geprägt. Aus ihr und dem harmonischen Familienleben schöpfte der introvertierte Friedrich Wilhelm III. die Kraft für sein Amt. Bei seinem Regierungsantritt entließ er einige Ratgeber seines Vaters und hob das verhasste Religionsedikt auf. Er schätzte das einfache Leben und war von einem hohen Gerechtigkeitsempfinden beseelt. Dem König fehlten indes Entschlußkraft und Selbstvertrauen zu tiefgreifenden inneren Reformen. Ihm kamen die ruhigen Friedensjahren gelegen. Diese gewährten seinem Land die so dringend benötigte Erholung und ließen ihm Zeit, die Mängel zu beheben.

Obwohl die Politik Napoleons schon an den Grundfesten des Reichs und Europas rüttelte, versuchte König Friedrich Wilhelm III. für Preußen die Neutralität zu bewahren. Der König wollte die Gefahr, die von Frankreich ausging ignorieren und glaubte, als „Unparteischer" von der aggressiven Machtentfaltung Napoleons verschont zu bleiben. Den Frieden zu lieben, gebot ihm die Vernunft.

Im Frieden von Lunéville 1801 wurde Preußen für seine verlorenen linksrheinischen Besitzungen mit geistlichen Territorien in Westfalen entschädigt, büßte aber immer mehr an Einfluß und Ansehen bei den Großmächten ein. Nur bedingt verband Preußen sich 1805 mit Rußland und Österreich. Nach Napoleons Sieg bei Austerlitz am 2. Dezember 1805 nahm Preußen von Napoleon das englische Hannover als Ersatz für Ansbach entgegen, das es 1791 erworben hatte. Erst als auch hier Frankreich doppeltes Spiel erkennbar wurde, setzte sich die von Königin Luise unterstützte Kriegspartei durch.

Aber jetzt stand Österreich abseits und der russische Verbündete war noch weit entfernt. Am 9. August 1806 rief Friedrich Wilhelm III. die Mobilmachung aus. Die preußische Armee aber hatte sich auf den Lorbeeren Friedrich des Großen ausgeruht und war den Anforderungen einer modernen Kriegsführung nicht mehr gewachsen. Die Rüstung hatte man wegen Geldknappheit vernachlässigt, das Offizierskorps war überaltert. Unmittelbar nach Ausbruch der Kämpfe, fiel der Hoffnungsträger im Kampf gegen Napoleon, Prinz Louis Ferdinand bei Saalfeld. Dies galt als böses Omen. Es folgten wenige Tage später, am 14. Oktober 1806, die verheerenden Niederlagen von Jena und Auerstedt.

Der militärische Zusammenbruch zog den moralischen Zusammenbruch nach sich. König Friedrich Wilhelm III. flüchtete über Berlin nach Ostpreußen und Memel.

Napoleons Truppen folgten dicht auf. Im Sommer 1807 mußte Preußen dann, vom Zaren als Bündnispartner verlassen, seinen Widerstand gegen Napoleon aufgeben und die harten Friedensbedingungen von Tilsit am 9. Juli 1807 akzeptieren. Das Land wurde etwa auf den ostelbischen Bestand von 1772 zurückgeworfen. Preußen blieb von den Franzosen besetzt, die eigene Heeresstärke wurde auf 42 000 Mann beschränkt und es mußte eine hohe Entschädigungszahlung leisten. Preußen hatte aufgehört, eine Großmacht in Europa darzustellen.

König Friedrich Wilhelm III. litt aufgrund der verzweifelten Lage zeitweilig unter Depressionen und schien zu resignieren. Er dachte sogar mehrfach an Abdankung. Hier war es seine Frau Luise, die wahre Größe und Durchhaltevermögen zeigte. Sie wurde zur einflußreichsten Beraterin ihres Mannes und zog diplomatisch geschickt die Fäden hinter den Kulissen. Sie bestärkte ihn darin, den Mut nicht zu verlieren und einen Neuanfang mit Reformern wie Stein, Hardenberg, Gneisenau und Scharnhorst zu wagen. Ihr kluger Rat und die Bereitschaft , die Lasten des Krieges mitzutragen, haben sie bei allen Schichten der Bevölkerung noch beliebter werden lassen als sie es schon vor dem Krieg war. Als Luise mit 34 Jahren 1810 starb und neun Kinder hinterließ, war dies für Friedrich Wilhelm III. der wohl größte Schicksalsschlag seines Lebens. Zwei ihrer Söhne wurden in Europa einflussreiche Monarchen: Friedrich Wilhelm IV. wurde König von Preußen, sein Bruder Wilhelm der erste deutsche Kaiser und seine Schwester Charlotte wurde 1817 Zarin Alexandra Feodorowna.

Königin Luise als Kronprinzessin

Nach dem Frieden von Tilsit hatte der König Friedrich Wilhelm III. erklärt, daß der Staat durch geistige Kräfte neue Impulse erhalten müsse, was er an materieller Macht verloren habe. Er berief Männer, die zu Reformen bereit waren, in verantwortliche Positionen des Staates. Preußens Erneuerung insgesamt war das Werk von Stein, Hardenberg, Scharnhorst und Humboldt. Freiherr vom Stein hob 1807 die Leibeigenschaft und den Frondienst auf. Jedem Bürger stand nun die Möglichkeit offen, Grund und Boden zu erwerben und darüber frei zu verfügen. Die Städte erhielten 1809 die Selbstverwaltung; es herrschte Gewerbefreiheit und jeder war frei in seiner Berufswahl.

Scharnhorst wurde die Erneuerung der preußischen Armee vom König übertragen. Er öffnete das Offizierskorps dem Bürgertum, führte die allgemeine Wehrpflicht ein, schaffte die Prügelstrafe in der Armee ab und schuf durch das sogenannte Krümpersystem (kurzfristige Ausbildung von Rekruten) eine beachtliche Personalreserve für die Armee.

Den Grundstein zu einer neuen Volksbildung nach den Idealen der deutschen Klassik legte der an die Spitze des Unterrichtswesens berufene Wilhelm von Humboldt. Er gründete 1810 die Berliner Universität, an der Fichte und Schleiermacher ihre aufrüttelnden Reden an die Nation hielten.

Zeit für die innere Gesundung verschafften dem Land Hardenbergs diplomatisches Geschick und die kluge Zurückhaltung des Königs. Sie fügten sich in das Bündnis, das Preußen zur Abgabe von Truppenteilen im Krieg gegen Russland verpflichtete. Ein preußisches Hilfskorps, das unter dem Kommando von General Yorck von Wartenberg stand, mußte an dem russischen Feldzug teilnehmen, wurde aber nicht in große Kämpfe verwickelt. Auch als Yorck nach dem Untergang der französischen „Grand Armée" durch die Konvention von Tauroggen am 17. März 1813 die Initialzündung zum Befreiungskampf gegen das französische Joch in Europa gab, zögerte der König noch, um die Franzosen nicht unnötig zu reizen. Preußen war aus Sicht des Königs noch nicht für einen Aufstand reif. Wenig später schloß er jedoch mit seinem Freund, dem Zaren Alexander ein Bündnis. Der König erläuterte in seinem Appell „An mein Volk" den Bürgern Recht und Sinn des Krieges für Preußen und fand in allen Schichten begeisterte Unterstützung.

Seiner verstorbenen Frau Luise zu Ehren, stiftete er an ihrem Geburtstag, dem 13. März 1813, das von Friedrich Schinkel auf Anregung von Luise zurückgehende Eiserne Kreuz. Die Bereitschaft der preußischen Bevölkerung zu Spenden war grenzenlos und so konnte Friedrich eine Armee von 280 000 Mann aufstellen.

Der Krieg mit den verbündeten Russen begann vorsichtig. Österreich hielt sich zunächst noch abseits, schloß sich aber am 12. August 1813 der Koalition an. In der Völkerschlacht von Leipzig (16. bis 19. Oktober) wurde Napoleons Armee erneut geschlagen – es begann dessen Rückzug aus Deutschland. Ein halbes Jahr – am 31.März 1814 – später zogen die Sieger in Paris ein, erzwangen Napoleon Abdankung und gewährten dem zur rechtmäßigen Monarchie zurückgekehrten Frankreich einen maßvollen Frieden. Daran änderte sich nur wenig, als Frankreich noch einmal dem aus Elba zurückkehrenden Napoleon verfiel. Engländer und Preußen besiegten ihn am 18. Juni 1815 bei Waterloo und Napoleon wurde endgültig auf die Atlantikinsel St. Helena verbannt.

Der Wiener Kongress 1814/15 stellte mit großem Geschick Europas Gleichgewicht wieder her. Die Großmächte ordneten Europa nach ihren Vorstellungen, ohne aber nationale Wünsche zu berücksichtigen. Preußen erhielt von seinen früheren polnischen Besitzungen nur Danzig, Thorn und Posen zurück, gewann dafür aber den nördlichen Teil des Königreichs Sachsen, das Rheinland und Westfalen sowie das

Gebiet um Saarbrücken und Saarlouis. Preußen hatte sich vehement gegen diese Zuteilung gewehrt, weil es sich lieber ganz Sachsen einverleiben wollte. Preußen fühlte sich aufgrund der Ergebnisse des Wiener Kongresses nicht als saturierter Staat, da es keinen direkten Zugang zu seinen westlichen Provinzen hatte.

Preußen sollte nach dem Willen von England und Österreich künftig Frankreich in Schach halten. Damit galt Preußen als europäischer Ordnungsfaktor.

Auf Anregung von Zar Alexander I. wurde die Heilige Allianz, der Rußland, Österreich und Preußen angehörte, gegründet. Sie richtete sich gegen alle revolutionären Bestrebungen in Europa. Enttäuscht wurde die Hoffnung auf ein erneuertes deutsches Kaisertum oder doch auf einen gesamtdeutschen Staat, in dem das Volk mitbestimmen konnte. Als Ersatz diente der Deutsche Bund (1815 bis 1866), ein völkerrechtlicher Verein aus 39 Staaten mit geringer Zuständigkeit, schleppendem Geschäftsgang und ausländischem Einfluß, aber ohne jede organisatorische Vertretung des Volkes. Selbst die so bitter notwendige Wirtschaftseinheit konnte nicht durch den Bund, sondern nur durch den Deutschen Zollverein hergestellt werden.

In der Innenpolitik wandte sich König Friedrich Wilhelm III. immer mehr von den Reformern ab und den „reaktionären Kräften" zu. Vor allem auf verfassungspolitischem Gebiet wirkten sich die nur schleppend vorangebrachten Reformen hemmend aus, denn hier gelang es trotz mehrmaliger Anläufe nicht, Preußen, dem Geist der Zeit gemäß, in einen konstitutionell verfaßten Staat zu verwandeln. Dies war das Ziel der Reformer gewesen. Preußen blieb, wie übrigens auch Österreich, bis zur Jahrhundertmitte ein auf spätabsolutistischem Niveau regiertes Gemeinwesen. Aus übertriebener Sorge vor revolutionären Bewegungen schob Friedrich Wilhelm III. die mehrfach versprochene Verfassung auf Druck von Fürst Metternich, dem Architekten des Wiener Kongresses, immer wieder hinaus. Mit den Karlsbader Beschlüssen 1819 begann eine Zeit der Verfolgung und Bevormundung der Bürger.

Obwohl Friedrich Wilhelm III. zum Mäzenaten großen Stils Anlagen und Geldmittel fehlten, erlebte die Kunst dennoch eine Blüte, die durch die Namen Schinkel, Langhans, Schadow und Rauch gekennzeichnet ist. Bedeutende Männer der Wissenschaft wurden gefördert; Fichte, Hegel und Schleiermacher lehrten in Berlin, die zur geistigen Hauptstadt Deutschlands wurde. 1817 kam es auf Initiative des Königs zur Union der Lutheraner und Reformierten in Preußen.

Friedrich Wilhelm III. regierte 43 Jahre Preußen. Es gelang ihm, nicht zuletzt durch das Mitwirken und Mitfühlen seiner geliebte Luise, in turbulenten Jahren Preußen als Einheit zu bewahren und nach 1815 zu einer einflussreichen Macht zu etablieren.

Zeittafel:

1799-1814 Napoleon Alleinherrscher über Frankreich
1806 Franz II. legt die deutsche Kaiserkrone nieder
1815 Heilige Allianz zwischen den Monarchen Rußlands, Österreichs und Preußen
1821-1829 Griechischer Freiheitskampf
1830 Julirevolte in Frankreich
1831 Königreich Belgien geschaffen
1837-1901 Königin Viktoria von England

König Friedrich Wilhelm IV. von Preußen
(1840 bis 1861)

* Berlin 15.10.1795, † Schloß Sanssouci 2.1.1861
∞ Berlin 29.11.1823 mit **Prinzessin Elisabeth von Bayern**
* München 13.11.1801, † Dresden 14.12.1873

Friedrich Wilhelm IV. wächst in einem harmonischen Elternhaus mit viel Freiheiten auf. Die Ereignisse zwischen 1806 und 1813 mit Krieg, Flucht und ungewisser Zukunft waren für sein Leben prägend. Alle Herzen, die sein Vater, König Friedrich Wilhelm III. in den Jahren der Restauration enttäuscht hatte, schlugen dem neuen König Friedrich Wilhelm IV. entgegen. Dessen geistvolle, offene Art weckten neue Hoffnungen, als er 1840 den preußischen Thron bestieg.

Friedrich Wilhelm IV. verkündete eine Amnestie für politisch Verfolgte, beendete die Demagogenverfolgung und verhalf somit vielen Menschen zu ihrem Recht. Die Stiftung der Friedensklasse des Pour le Mérite, sein Umgang mit Gelehrten vom Rang eines Alexander von Humboldts und Rankes, seine Neigung für Architektur und Gartenkunst, Poesie und Musik ließen auf ein freies geistiges Leben hoffen. Aus seinen Worten zur Grundsteinlegung des Kölner Dombaus (1842) , den er als ein „Werk des Brudersinns aller Deutschen aller Bekenntnisse" feierte, sprach ein tiefes Verständnis für die deutsche Einheit.

Er war der erste König, der öffentlich Reden hielt. Es waren allerdings keine politischen Reden, sondern sie hatten eher den Charakter frommer Deklarationen. Man nannte Friedrich Wilhelm IV. den „Romantiker auf dem Thron", aber auch er erfüllte die in ihn gesetzten Erwartungen nicht. Er beharrte noch auf den Vorstellungen des Gottesgnadentums und des Ständestaates. Eine solche Einstellung machte ihn uneinsichtig für das Streben der Bürger nach politischer Mitsprache.

1847 berief er den Vereinigten Landtag, der sich aus den Provinzialständen der acht preußischen Provinzen zusammensetzte, ein. Über seine Verhandlungen durfte zum ersten Mal in der Presse berichtet werden, etwas, was es bis dahin noch nie gegeben hatte. Friedrich Wilhelm IV. lehnte aber die Einlösung des Verfassungsversprechens seines Vaters ab. Als dann im März 1848 die Revolution von Frankreich auf Deutschland übergriff, in Wien Metternich gestürzt wurde und Berlin erreichte, versprach König Friedrich Wilhelm IV. in einem Patent am 18. März eine preußische Verfassung und die volle Pressefreiheit. Es kam aber noch am selben Tag bei Kundgebungen vor dem Schloß in Berlin zu Tumulten, die sich in den kommenden zwei Tagen zu Barrikadenkämpfen mit vielen Toten ausweiteten. Der König, von den Ereignissen völlig überrascht und erschüttert, befahl den loyalen Truppen den Rückzug aus Berlin. Der König mußte am 19. März die in den Schloßhof gebrachten Toten der Barrikadenkämpfe mit entblößtem Haupt ehren. Am 21. März ritt er mit einer schwarz-rot-goldenen Schärpe, den Revolutions- und Freiheitsfarben, über der Uniform durch die Stadt und verkündete: „Preußen geht fortan in Deutschland auf".

Am 1. Mai 1848 kam es zur gleichzeitigen Wahl der deutschen Nationalversammlung in Frankfurt/Main und der Preußischen Nationalversammlung in Berlin. In den folgenden Monaten, als sich herausstellte, daß die preußische Nationalversammlung mehr und mehr von radikalen Kräften beherrscht wurde, wandte sich Friedrich Wilhelm IV. wieder von den Zielen der bürgerlichen März-Revolutionäre ab. Truppen unter General Wrangel rückten am 10. November in Berlin ein; das Kriegsrecht wurde verhängt, die Preußische Nationalversammlung nach Brandenburg verlegt. Als diese einen Steuerverweigerungsbeschluß faßte, wurde sie am 5. Dezember aufgelöst und eine Verfassung durch den König oktroyiert.

Am 6. Februar 1850, nach Einführung des Dreiklassenwahlrechts, leistete der König den Eid auf die Verfassung. Diese blieb, im Kern unverändert, bis 1918 gültig. Inzwischen hatte die Frankfurter Nationalversammlung, nachdem alle gesamtdeutschen Pläne an der Zusammensetzung Österreichs gescheitert waren, mit knapper Mehrheit, den Beschluß gefasst, Friedrich Wilhelm IV. von Preußen die erbliche Kaiserkrone anzubieten. Friedrich Wilhelms endgültiges Nein erfolgte drei Wochen später und rief große Enttäuschung bei den Patrioten hervor. Er aber lehnte ab, weil er die aus der Volkssouveränität stammende Krone als nicht rechtmäßig, nicht von Gott verliehen, empfand. Ferner machte er die Kaiserwürde von der Zustimmung aller deutschen Fürsten abhängig.

Berlin, Unter den Linden, Zeughaus

Friedrich Wilhelm IV. versuchte nun, Deutschland straffer zusammenzufassen und schloß am 26. Mai 1849 das Dreikönigsbündnis mit Hannover und Sachsen ab, dem innerhalb kürzester Zeit 28 deutsche Mittel- und Kleinstaaten beitraten, allerdings nicht die Königreiche Bayern und Württemberg. Ziel war ein Bundesstaat unter preußischer Führung, der mit Österreich eine Union bilden sollte. Dagegen wandte sich Österreich und da Rußland für Österreich Partei ergriff, verzichtete der preußische König, da keinen Krieg wollte, im Frieden von Olmütz auf die Durchsetzung seiner Pläne.

Der preußische König mußte zum Status quo des alten Bundestages unter österreichischem Vorsitz zurückkehren. In den folgenden Jahren betrieb Friedrich Wilhelm IV. – gestützt auf den Kreis um die Brüder Gerlach und das Ministerium von Manteuffel – eine maßvolle Politik ohne innen- und außenpolitische Risiken einzugehen. Während des Krimkrieges (1853 bis 1856) blieb Preußen neutral, obwohl es Stimmen gab, die einen Anschluß an die Westmächte wünschten. Die Politik von Friedrich Wilhelm IV. sollte sich ein Jahrzehnt später auszahlen.

1857 erlitt König Friedrich Wilhelm IV. einen ersten Schlaganfall, dem weitere folgten und die ihn regierungsunfähig werden ließen. Da seine Ehe kinderlos geblieben war, übernahm sein Bruder, Prinz Wilhelm, zunächst die Stellvertretung, dann am 26. Oktober 1858 die Regentschaft. König Friedrich Wilhelm IV. starb am 2. Januar 1861 in Sanssouci.

König Wilhelm I. von Preußen
(1861 bis 1888)
seit 1871 Deutscher Kaiser

* Berlin 22.3.1797, † Berlin 9.3.1888
∞ Berlin 11.6.1829 **Augusta Prinzessin von Sachsen-Weimar-Eisenach**
* Weimar 30.10.1811, † Berlin 7.1.1890

Als sich bei seinem Bruder Friedrich Wilhelm IV. die Anzeichen einer Geisteskrankheit verstärken, führt Wilhelm 1858 die Regierungsgeschäfte. Nach dessen Tod wurde er am 2. Januar 1861 König von Preußen.

Die harten und bewegenden Erlebnisse seiner Jugend, wie die Niederlage gegen Napoleon, die Besetzung Preußens, die Flucht der Familie nach Ostpreußen sowie der frühe Tod seiner Mutter hatten ihn früh zu einem ernsten und gläubigen Menschen reifen lassen. Als 17jähriger nahm er an den Feldzügen von 1814 und 1815 gegen Napoleon teil. Während der Revolution von 1848 warf er in Berlin den Aufstand militärisch nieder, was ihm den Beinamen „Kartätschenprinz" eintrug. Die aufgeheizte Stimmung in der Bevölkerung zwang ihn, in der Verkleidung eines Kutschers zunächst auf die Berliner Pfaueninsel und später nach England zu flüchten. Später kehrte er in seine Heimat zurück.

Fast schon im Ruhestandsalter von 64 Jahren übernahm er offiziell die Führung Preußens. Unmittelbar darauf berief er 1861 ein Ministerium aus Männern von erklärt liberaler Gesinnung; eine Zusammenarbeit zwischen Krone und Landtag schien sich anzubahnen. Man sprach vom Beginn einer neuen Ära.

Die Hoffnungen sollten sich aber nicht erfüllen, denn das Abgeordnetenhaus widersetzte sich der von der Krone verlangten Heeresreform. König Wilhelm I. wollte zur Erhöhung der Schlagkraft die organisatorische Selbständigkeit der Landwehr aufheben: die liberale Mehrheit aber verlangte für die Zustimmung als Ausgleich die Herabsetzung der Dienstzeit. Der König sah in der Armee die Stütze seiner Macht, über die er allein verfügen wollte und weigerte sich, der Dienstzeitverkürzung um ein Jahr seine Zustimmung zu geben. Es kam zum offenen Konflikt, als die Abgeordneten das im Staatshaushalt 1862 vorgesehene Budget strichen.

Das Abgeordnetenhaus wurde durch König Wilhelm I. daraufhin vorzeitig aufgelöst. Die liberal eingestellten Minister wurden entlassen. Auch deren Nachfolger empfahlen dem König, einer zweijährigen Dienstzeit zuzustimmen, um das Parlament für die Freigabe der Gelder zu gewinnen. Da der König von seiner Forderung nicht abgehen wollte, die Verfassung jedoch nach Ablehnung des Haushalts durch das Abgeordnetenhaus keinen Weg mehr zu ihrer Erfüllung offen ließ, traten die Minister zurück. Der König war bereit zugunsten des Kronprinzen abzudanken.

Preußen befand sich in einer Staatskrise. In dieser kritischen Phase wurde der als königstreu und durchsetzungsfähig geltende preußische Gesandte in Paris, Otto von Bismarck, nach Berlin gerufen. Er war der einzige, der den Kampf mit dem Parlament für den König aufzunehmen bereit war. Am 21. September 1862 wurde Bismarck zum preußischen Ministerpräsidenten ernannt. Damit begann die einzigartige Zusammenarbeit zwischen König Wilhelm I. und seinem Ministerpräsidenten, die nie frei von Spannungen war. Für Bismarck war der Anlaß des Streits zwischen Krone und Abgeordnetenhaus gleichgültig. Den Schwerpunkt seiner Arbeit sah er darin, zu verhindern, daß die Rechte der Krone durch den Landtag beschnitten werden. Bis 1867 regierte Bismarck, ohne daß das neugewählte Abgeordnetenhaus dem Staatshaushalt zustimmte.

Bismarck begründete seinen Anspruch, ohne Parlament zu regieren, folgendermaßen: „Da das Herrenhaus dem königlichen Budgetvorschlag zugestimmt hatte, das Abgeordnetenhaus aber nicht, sei ein Fall eingetreten, der in der Verfassung nicht vorgesehen sei. Da die Politik jedoch nicht stillstehen könne, müsse der Staat handeln, bis eine Einigung zustande komme." Aufgrund dieser „Lückentheorie" wurden die Steuern in der letztbewilligten Höhe eingezogen und die Heeresform in der vom König gewünschten Form realisiert.

1863 wurde das „Londoner Protokoll" von 1852 durch den dänischen König Christian IX. gebrochen. Er verfügte eine Verfassung, nach der Schleswig mit Dänemark vereinigt werden sollten. Bismarck erkannte ausdrücklich das „Londoner Protokoll" an. Zusammen mit Österreich, das als Gegner nationaler Bewegungen auf Preußens Seite stehen mußte, stellte er an Dänemark ein Ultimatum, die Verfassung von 1863 aufzuheben. Die Ablehnung durch Dänemark führte zum Krieg. Die beiden Großmächte Preußen und Österreich siegten, Dänemark mußte 1864 die Herzogtümer Schleswig und Holstein an die beiden Siegerstaaten abtreten. Österreich und Preußen wollten sie gemeinsam regieren. Doch sehr bald traten die unterschiedliche Auffassungen der beiden Sieger über die Zukunft Schleswig-Holsteins zutage. Österreich wünschte sich einen selbständigen Mittelstaat, der Anlehnung bei Österreich suchen sollte. Preußen dagegen wollte nur einen Mittelstaat dulden, der völlig auf Preußen angewiesen sein sollte.

Österreich wollte die schleswig-holsteinische Frage durch den Bundestag lösen lassen; dabei konnte es sich der Unterstützung der übrigen Mittelstaaten im Deutschen Bund sicher sein. Preußen lehnte ab; es schlug dafür die Gründung eines kleindeutschen Bundes ohne Österreich vor. Der Konflikt mündete 1866 in einem Krieg zwischen Österreich und Preußen. Bei Königsgrätz wurden die Österreicher entscheidend geschlagen. Bismarck setzte bei König Wilhelm I. einen maßvollen Frieden durch. Österreich brauchte keine Gebiete an Preußen abzutreten. Bismarck wahrte, wie er schrieb, „die Möglichkeit, uns mit dem heutigen Gegner wieder zu befreunden". Mit dem Frieden von Prag vom 23. August 1866 hörte der Deutsche Bund auf zu existieren.

Preußen annektierte Schleswig-Holstein, Hannover, Kurhessen, Nassau und Frankfurt am Main. Österreichs Vormachtstellung in Mitteleuropa war endgültig gebrochen – die Einflußsphäre der Habsburger Monarchie lag nunmehr ausschließlich in Südosteuropa.

Bismarck, der in Preußen vier Jahre gegen die Verfassung regiert hatte, erhielt nun vom preußischen Abgeordnetenhaus „Indemnität" (Straflosigkeit), womit er das Haushaltsrecht des Parlaments grundsätzlich anerkannte. Bismarck gewann so die Mitwirkung der liberalen Fortschrittspartei am Ausbau der Einheit Deutschlands. 1866/67 kam es zur Gründung des Norddeutschen Bundes, dem neben Preußen alle nördlich der Mainlinie gelegenen Staaten angehörten. Bismarck prägte die Verfassung des Bundesstaates so, daß den Einzelstaaten ein gewisser Spielraum blieb (föderalistisch), die preußische Hegemonie aber gesichert war.

Es war aber klar, daß auf Dauer die deutsche Einigung nicht an der Mainlinie enden konnte. Das Überschreiten der Mainlinie bedeute, das Einflußgebiet Frankreichs zu tangieren und somit einen Krieg heraufzubeschwören. Preußen hatte nunmehr die Größe einer bedeutenden Kontinentalmacht erreicht und stand mindestens gleichberechtigt neben der alten Großmacht Frankreich, was in Paris als kaum tragbare Konkurrenz gewertet wurde.

Es erschien deshalb kaum möglich, die deutsche Einigung ohne militärischen Konflikt mit Frankreich zu vollenden. Bismarck setzte deshalb alles daran, einen Krieg zu vermeiden. Der preußische Ministerpräsident verhinderte 1867 den von Kaiser Napoleon III. geplanten Erwerb Luxemburgs, dessen Neutralität von da an von den Großmächten garantiert wurde.

Im Frühjahr 1870 trieben die Spannungen zwischen Preußen und Frankreich dem Höhepunkt zu, als die Spanier dem Erbprinzen Leopold von Hohenzollern-Sigmaringen die Krone anboten. Der Prinz brauchte nach dem Hausgesetz der Hohenzollern die Zustimmung von König Wilhelm I. Bismarck plädierte für eine Annahme, König Wilhelm I. indes vermied es, sich festzulegen. Die Verhandlungen waren im Geheimen geführt worden. Als das Ergebnis am 1. Juli 1870 bekannt wurde, reagierte Frankreich überaus scharf, da es sich von Preußen und Spanien in die Zange genommen sah. Der Erbprinz von Hohenzollern-Sigmaringen verzichtete daraufhin auf seine Kandidatur.

Der französischen Diplomatie war das zuwenig, sie wollte Frankreichs führende Rolle in Europa noch deutlicher herausgestellt wissen. In Bad Ems, wo König Wilhelm I. zur Kur weilte, verlangte der französische Botschafter, der Preußen-König solle sich verpflichten auch in Zukunft niemals die Kandidatur eines Hohenzollern für den spanischen Thron zu unterstützen. Wilhelm I. lehnte diese Forderung entschieden ab und unterrichtete Bismarck in einem Telegramm über den Inhalt der Unterredungen. Bismarck veröffentlichte daraufhin in der Emser Depesche vom 9. Juli 1870 Frankreichs Forderungen an Preußen. Bismarck wußte, daß die Publizierung der „Emser Depesche" zwangsläufig zum Krieg mit Frankreich führen musste. Am 19. Juli wurde die französische Kriegserklärung in Berlin überbracht. Durch Bismarcks Geschick war Frankreich die Rolle des Angreifers zugefallen. Bei Ausbruch des Krieges stand Frankreich isoliert da.

Die süddeutschen Staaten traten, ihrem Bündnisvertrag entsprechend, mit dem Norddeutschen Bund in den Krieg gegen Frankreich ein. Alle übrigen europäischen Staaten blieben neutral. Der Konflikt brachte die militärische Niederlage Frankreichs, das daraufhin nach der Abdankung von Kaiser Napoleon III. zur Republik (Dritte Republik) wurde.

Noch im Krieg wurde am 18. Januar 1871 – dem Jahrestag der Krönung des ersten preußischen Königs 1701 – im Spiegelsaal des besetzten Versailler Schlosses König Wilhelm I. zum *Deutschen Kaiser* proklamiert und nicht zum *Kaiser von Deutschland*. Zugleich entstand das Deutsche Reich mit einer neuen Verfassung, die auf Bismarck zurückging. Er wollte den süddeutschen Staaten den Beitritt zum Deutschen Reich so leicht wie möglich machen.

Der deutsche Kaiser stand an der Spitze des Reiches, war Oberbefehlshaber der Streitkräfte im Kriegsfall, er ernannte und entließ den Reichskanzler und die Minister. Der Reichskanzler war zugleich preußischer Ministerpräsident. Die weiteren

Verfassungsorgane waren der vom Volk gewählte Reichstag und der aus 58 Abgesandten der Länder bestehende Bundesrat.

Die Außenpolitik des Deutschen Reiches war zentral in Berlin angesiedelt worden und wurde in Personalunion durch den Reichskanzler Fürst Bismarck wahrgenommen. Bismarck war bestrebt, den in Europa seit 1871 bestehenden Zustand zu bewahren, da jede weitere Machtverschiebung für das Deutsche Reich existenziell hätte bedrohlich werden können.

Der Friedensvertrag mit Frankreich enthielt neben Reparationszahlungen als wichtigste Bestimmung die Gebietsabtretung des ursprünglich deutschen Elsass-Lothringens an das Deutsche Reich. Diese Annexion durch Deutschland bildete in den folgenden Jahrzehnten eine schwere Belastung des deutsch-französischen Verhältnisses.

Die achtziger Jahre brachten den Ausbau eines komplizierten europäischen Bündnissystems. Bismarcks Bündnisgeflecht schuf eine nachhaltige Ausgewogenheit unter den europäischen Nationen. Es waren dies:

- Deutsches Reich, Österrreich-Ungarn (Zweibund/1879)
- Deutsches Reich, Österreich-Ungarn, Rußland (Dreikaiservertrag/1881)
- Deutsches Reich, Österreich-Ungarn, Italien, (Dreibund/1882)
- Deutsch-russischer Rückversicherungsvertrag (1887)

In der Innenpolitik verstärkten nach 1871 eine Reihe gesetzlicher Maßnahmen die innere Einheit des Deutschen Reiches. Es bestand die Handlungsfreiheit des Reichskanzlers nicht in dem Maße wie bei außenpolitischen Handlungen, da der Reichstag das Budgetrecht hatte. Bismarck spielte die Parteien geschickt gegeneinander aus und stützte sich jeweils den Umständen entsprechend auf die verschiedenen politischen Gruppen. Auf diese Weise war es aber unmöglich, Parteien zu verantwortlicher Mitarbeit am Staate heranzuziehen. Im Kulturkampf zwischen 1871 und 1878 versuchte er vergebens den Einfluß des politischen Katholizismus zu vermindern, ebensowenig gelang es mit Hilfe des Sozialistengesetzes, das am 18. Oktober 1878 vom Reichstag angenommen wurde, den zunehmenden Einfluß der Sozialdemokraten zu mindern. Die soziale Gesetzgebung der achtziger Jahre gab den Arbeitern eine vom Staat gewährleistete Sicherheit für Alter, Krankheit und Invalidität, konnte die überwiegend sozialdemokratisch orientierte Arbeiterschaft aber nicht mit dem Staat versöhnen.
Fast 20 Jahre herrschte Kaiser Wilhelm I. über das Deutsche Reich. Aufgrund seiner maßvollen und weitblickenden Politik genoß er bereits zu Lebzeiten großes Ansehen. Wilhelm I. starb am 9. März 1888 im Alter von 91 Jahren. Er gehörte zu den preußischen Monarchen, die Preußen und Deutschland in hohem Maße geprägt haben.

Zeittafel:

1861 Königreich Italien
1874 Gründung Weltpostverein
1878 Berliner Kongreß

Reiterstandbild Kaiser Wilhelm I.

Deutsches Eck

1897 ein Geschenk der Rheinprovinz an die Stadt Koblenz. Im März 1945 von amerikanischen Truppen zerstört. Von der Stadt und der Theisenstiftung zur 2000-Jahr-Feier wieder errichtet.

Friedrich III. Deutscher Kaiser, König von Preußen
(1888)
(99-Tage-Kaiser)

* Potsdam 18.10.1831, † Potsdam 15.6.1888

∞ London 25.1.1858 **Prinzessin Viktoria von Großbritannien und Irland**

* London 21.11.1840, † Friedrichshof bei Kronberg 5.8.1901

Der Sohn von Kaiser Wilhelm I. stand seinem Vater oft distanziert gegenüber und konnte dessen Entscheidungen nicht immer nachvollziehen. Dennoch ließ Friedrich III. es aber nie zu einem offenen Bruch kommen. Das einzige öffentlich wahrnehmbare Aufbegehren erfolgte 1863, als er in einer Rede Stellung gegen die Politik seines Vaters bezog. Die Spannungen zum Vater wuchsen.

Friedrich III. wurde in seinen liberalen Ansichten durch seine Mutter, seine englische Ehefrau und deren Eltern (Queen Viktoria und Prinzgemahl Albert) und einen sehr anglophil geprägten Freundeskreis bestärkt. Im Kronrat trat er der Politik Bismarcks in dem Territorialkonflikt mit Dänemark um Schleswig-Holstein und dem sich anschließenden Krieg mit Österreich entgegen. Als Kronprinz führte er eine Armee, die bei Königgrätz 1866 die Entscheidung herbeiführte. Als Preußen aus diesen Konflikten siegreich hervorgegangen war, zögerte Friedrich III. nicht, vorurteilsfrei und sachlich Bismarck 1866 bei der Ausarbeitung des milden Friedensvertrages zu unterstützen.

Während des deutsch-französischen Krieges 1870/71 waren die Truppen unter seinem Oberbefehl bei Weißenburg, Wörth und Sedan siegreich. Er war ein tüchtiger Heerführer, dem Vertrauen und Hochachtung seiner Soldaten gehörten.

Manche Kreise erhofften sich von seiner Regierung eine Angleichung der Verfassung an westliche Staatsformen und eine stärkere politische Heranziehung des Bürgertums. Weder die halbjährige Stellvertretung, die er für seinen Vater nach dem Nobiling-Attentat am 2. Juni 1878 übernahm, noch seine 99 Tage dauernde Kaiserzeit ließen jedoch liberale Ansätze erkennen.

Als Todkranker bestieg Friedrich III. im März 1888 den Thron. Sein anfangs als harmlos eingestuftes Halsleiden war 1887 als Kehlkopfkrebs diagnostiziert worden. Er konnte kaum noch sprechen. Seine nur 99 Tage dauernde Regentschaft wurde stark durch das Krebsleiden beeinträchtigt. Mit eiserner Disziplin kam Kaiser Friedrich III. bis zuletzt seinen Amtspflichten nach. Er setzte sogar noch die Entlassung seines Innenministers von Puttkamer durch.

Die liberale Haltung von Kaiser Friedrich III, sein soziales Gerechtigkeitsgefühl, sein reges Interesse für alle wissenschaftlichen Erkenntnisse konnte er aufgrund der ihm verbliebenen knappen Zeit nicht zur Entfaltung bringen. Der 99-Tage-Kaiser war trotz seiner Erkrankung ein typischer Vertreter des Hauses Hohenzollern, der seinem Volk höchste Pflichterfüllung vorlebte.

Wilhelm II. Deutscher Kaiser, König von Preußen
(1888 bis 1918)

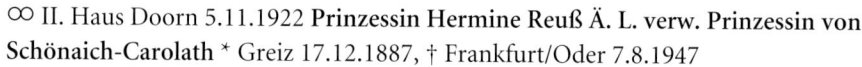

* Berlin 27.1.1859, † Haus Doorn/Niederlande 4.6.1941

∞ I. Berlin 27.2.1881 **Prinzessin Auguste Viktoria**
  zu Schleswig-Holstein-Sonderburg-Augustenburg
* Dolzig 22.10.1858, † Haus Doorn/Niederlande 11.4.1921

∞ II. Haus Doorn 5.11.1922 **Prinzessin Hermine Reuß Ä. L.** verw. **Prinzessin von
Schönaich-Carolath** * Greiz 17.12.1887, † Frankfurt/Oder 7.8.1947

Wilhelm II. wurde mit einem verkürzten linken Arm geboren und litt zeitlebens unter dieser Behinderung. Seitens seiner Mutter wurde dies als schwerwiegender Makel empfunden – sie schenkte ihm wenig persönliche Zuwendung. Durch seinen Erzieher Hinspeter erhielt er eine strenge, freudlose Ausbildung. Pflichtbewusstsein und Disziplin standen im Vordergrund. Wie bei allen Herrschern vor ihm, hatte die militärische Ausbildung absoluten Vorrang. Wilhelm II. kompensierte seine Minderwertigkeitskomplexe durch eine starke Hinwendung zu allem Militärischen. Dort fand er klare Strukturen und Anerkennung.

Kenntnisse der Verwaltungsstrukturen des Deutschen Reiches wurden dem jungen Kronprinzen kaum vermitteln – sie blieben zeitlebens gering. Der Gegensatz zwischen den elterlichen und großväterlichen politischen Ansichten, der ihm nicht verborgen geblieben war, verleitete ihn zu voreiliger und einseitiger Parteinahme. Wilhelm II. besaß eine rasche Auffassungsgabe, ein hervorragendes Gedächtnis auch für Details und war überaus impulsiv. Durch seinen Glauben an das Gottesgnadentum und sein übersteigertes Geltungsbedürfnis eckte er oft an.

Mit 29 Jahren erhielt Wilhelm II. die Kaiserkrone. Es zeigte sich allerdings bald, daß er nicht die politische Rolle ausfüllen konnte, die ihm die Reichsverfassung von 1871 vorgab. In vielem, was man ihm vorwarf, war Wilhelm II. auch nur ein Kind seiner Zeit, deren Lebensstil und Kunstgeschmack er nicht bestimmt, sondern nur geteilt hat. In seinem politischen Wirken zeigte er sich immer wieder als fortschrittlich. So etwa in der Entwicklung neuer Schultypen und in der großzügigen Förderung wissenschaftlicher Forschung. Er war ein gläubiger Christ und verstand sich als verantwortungsvolles Oberhaupt der evangelischen Kirche.

In der ersten Zeit seiner Regierung gab es keine Dissonanzen mit Reichskanzler Bismarck, der schon seinem Großvater und Vater gedient hatte. Wilhelm II. brachte dem Reichsgründer großen Respekt und Verehrung entgegen. Es gelang jedoch dem über Siebzigjährigen, der sich meist vortrefflich auf seine Mitmenschen einzustellen wusste, nicht, auf die Gedankenwelt des Dreißigjährigen einzugehen. Statt ihn in sein politisches Denken einzuführen, machte Bismarck einfach bei wichtigen Entscheidungen seine überlegene Erfahrung geltend. Bald kam es zu erheblichen Meinungsverschiedenheiten über Fragen der Innenpolitik. Bismarck wollte das Sozialistengesetz erneuern lassen; der Kaiser widersetzte sich und wollte die Sozialgesetzgebung ausbauen. Hinter dieser sachlichen Auseinandersetzung stand das Ringen um die

Macht zwischen Kaiser und Kanzler. Am 20. März 1890 entließ Wilhelm II. schließlich Bismarck. Zu dessen Nachfolger ernannte der Kaiser Leo von Caprivi.

Der neue Kurs der kaiserlichen Politik führte außenpolitisch zur Nichterneuerung des Rückversicherungsvertrages mit Rußland. Dadurch wurde Rußland 1894 zum Abschluß einer Militärkonvention mit Frankreich gedrängt, die einen Zweifrontenkrieg gegen das Deutsche Reich möglich machte. In den folgenden Jahren bemühte sich die deutsche Politik immer wieder um eine engere Bindung an England als Gegengewicht.

Die kaiserliche Familie

Hohenzollernbrücke in Köln

Unter dem Zwang des Bevölkerungswachstums und der damit Schritt haltenden Industrieproduktion erstrebte die deutsche Politik überall in der Welt den freien Zugang zu den Rohstoffquellen und Absatzmärkten. Aber gerade dieses Vorgehen stieß bei den anderen Großmächten auf wenig Sympathien. Gespräche darüber hatten zwischen Großbritannien und dem Deutschen Reich seit 1898 stattgefunden. Die Reichsregierung glaubte in einer sehr starken Position zu sein und Englands direkten Anschluß an den Dreibund – Deutsches Reich, Österreich-Ungarn und Italien – fordern zu können. Dazu war England nicht bereit, da es sich nicht in die kontinentaleuropäischen Spannungen hineinziehen lassen wollte. Die deutsche Regierung spielte auf Zeit und glaubte warten zu können. Ein englischer Ausgleich mit Rußland und Frankreich galt als ausgeschlossen. Als dieser 1904 (Englisch-französische Entente) und 1907 (Englisch-russische Entente) zustande kam, war das Deutsche Reich in eine selbstverschuldete Isolierung geraten.

Seit 1898 erfolgte unter dem Staatssekretär im Reichsmarineamt Großadmiral Alfred von Tirpitz der Ausbau der deutschen Flotte. Kaiser Wilhelm II. sah in der Marine die Grundlage einer Weltmachtstellung. Er wollte mit den europäischen Kolonialmächten England und Frankreich gleichziehen. Die Flottenaufrüstung belastete aber das Verhältnis vor allem zu England in den darauffolgenden Jahren immer stärker.

Mehrere schwere Krisen erschütterten Europa. In den Marokkokrisen (1905/6 und 1911) konnte sich das Deutsche Reich nicht gegen die Ententemächte durchsetzen, in den Balkankriegen (1. u. 2. Balkankrieg 1912/12 u. Sommer 1913) unterstützte es mit Erfolg die österreichische Politik und machte sich damit endgültig Rußland zum Feind.

Im Innern wurde die soziale Gesetzgebung weiter fortgesetzt, ohne daß es zu einer Aussöhnung oder gar Integration mit der deutschen Arbeiterschaft kam, da diese bei ihrer Ablehnung des bestehenden Staates und seiner Politik blieb. Teile ihrer Forderungen wurden von einigen Kreisen des Bürgertums wohlwollend betrachtet. So fanden auch bürgerliche Kreise das Gottesgnadentum, wie es Kaiser Wilhelm II. herausstellte, das heißt das Bestehen der Königsgewalt unabhängig von der Zustimmung der Regierten, für antiquiert.

Um das angespannte deutsch-englische Verhältnis zu entspannen, ließ Kaiser Wilhelm II. 1908 im „Daily Telegraph" ein Gespräch über grundsätzliche bilaterale Fragen mit einem britischen Vertrauten veröffentlichen. Die erhoffte positive Wirkung verkehrte sich jedoch ins Gegenteil. Zwar hatte das deutsche Auswärtige Amt die Gesprächspassagen vorab geprüft und für gut befunden, doch wurden die Äußerungen des Kaisers in beiden Ländern als „peinlich", „taktlos" und „schockierend" gewertet.

Die „Telegraph"-Affäre hatte politische Folgen: Reichskanzler von Bülow, der dem Kaiser zu dem Zeitungsbeitrag geraten hatte, wurde von diesem entlassen. Denn: Kaiser Wilhelm II. fühlte sich von Bülow während der Affäre nicht genügend unterstützt. Bülows Nachfolger wurde von Bethmann-Hollweg. Die Affäre beeinträchtigte das Selbstbewußtsein des Kaisers empfindlich, so dass er sogar den Thronverzicht erwog.

In den folgenden Jahren hielt sich Kaiser Wilhelm II. mit öffentlichen Äußerungen sehr zurück und überließ die aktive Gestaltung der Politik und deren Verlautbarungen meist anderen, was sich besonders in den kommenden Kriegsjahren zwischen 1914 und 1918 verhängnisvoll auswirken sollte.

Die Ermordung des österreichischen Thronfolgers Franz Ferdinand am 28. Juni 1914 in Sarajevo veranlaßte Österreich-Ungarn zu einem Ultimatum an Serbien, das abgelehnt wurde. Daraufhin erklärte Österreich-Ungarn am 28. Juli Serbien den Krieg. Rußland, das mit Serbien verbündet war, löste seine Bündnisverpflichtung ein und machte mobil. Alle Vermittlungsversuche scheiterten. Denn: Jede Großmacht sah in einem Nachgeben einen Prestigeverlust und eine hierarchische Herabstufung im jeweiligen Bündnissystem. Das mit Österreich-Ungarn verbündete Deutsche Reich erklärte nunmehr Rußland (1. August) und Frankreich (3.8.) den Krieg. Als die deutschen Truppen, dem Schlieffenplan entsprechend, ins neutrale Belgien einmarschierten, erklärte auch Großbritannien Deutschland den Krieg.

Nach großen Anfangserfolgen im Westen und Osten kam es zum Stellungskrieg, der seinen blutigen Höhepunkt 1915/16 vor Verdun fand. Die englische Seeblockade gegenüber Deutschland wirkte sich in zunehmendem Maße auf die deutsche Rohstoff– und Lebensmittelversorgung aus. Seit 1916 standen die Generale Hindenburg und Ludendorff an der Spitze der Obersten Heeresleitung. Sie gewannen starken politischen Einfluß auf die Reichsregierung. Kaiser Wilhelm II. wurde mehr und mehr in den Hintergrund gedrängt und hatte kaum mehr politisches Gewicht.

Kaiser Wilhelm II. und seine Heerführer im Ersten Weltkrieg 1914-1918

Der Kriegseintritt der USA 1917 entschied den Ersten Weltkrieg politisch und militärisch. Durch die Seeblockade kam es von 1917 an zu großen Hungersnöten in Deutschland. Die anfängliche Kriegsbegeisterung kippte in eine Kriegsmüdigkeit um. Für die Niederlagen und Rückschläge des mehr als vier Jahre dauernden Krieges machte man den Kaiser als obersten Kriegsherrn verantwortlich, auch wenn er schon lange im wesentlichen nur noch Repräsentationsaufgaben ausüben durfte, während die Entscheidungsgewalt überwiegend bei der Obersten Heeresleitung unter Hindenburg und Ludendorff gelegen hatte. In dieser äußerst kritischen Zeit begab sich Kaiser Wilhelm II. Ende Oktober 1918 in sein Hauptquartier im belgischen Spa. Als die Niederlage Deutschlands sich abzeichnete, veranlaßte die deutsche Oberste Heeresleitung ein Waffenstillstandsangebot.

Die Militärs griffen auch in die Innenpolitik Deutschlands ein und bewirkten damit die Umwandlung des Deutschen Reiches in eine parlamentarische Monarchie.

Der neue Reichskanzler Max von Baden versuchte die Situation im Deutschen Reich und in Berlin zu stabilisieren und den Kaiser gegen die sich mehrenden Rufe nach Abdankung zu verteidigen. Der Kaiser selbst befürchtete, daß ein Thronverzicht einem Schuldbekenntnis am Kriegsausbruch gleichkäme. Der amerikanische Präsident Wilson und seine Bündnispartner forderten jedoch als Voraussetzung für Friedensverhandlungen den Thronverzicht von Wilhelm II. Seine Abdankung hätte aus seiner Sicht ein Auseinanderbrechen des Deutschen Reiches zur Folge gehabt.

Als letzten Versuch, die Monarchie in Deutschland zu retten, verkündete Max von Baden am 9. November 1918 die Abdankung von Kaiser Wilhelm II. sowie den Thronverzicht des Kronprinzen Wilhelm. Allerdings handelte Max von Baden ohne eine Ermächtigung des Kaisers. Dieser Schritt blieb wirkungslos, denn inzwischen war in Berlin die Republik ausgerufen worden. Am gleichen Tag, dem 9. November 1918, erklärte die Oberste Heeresleitung dem Kaiser in Spa, dass die Armee nicht mehr hinter ihrem Oberbefehlshaber stehe. Generalfeldmarschall von Hindenburg schlug dem Kaiser ein – möglicherweise vorübergehendes Ausweichen – ins neutrale Königreich der Niederlande vor. Am Vorabend war der Generaladjutant der holländischen Königin Wilhelmina, der sich zu einem Kurzbesuch in Spa aufhielt, bei Hindenburg zu Gast gewesen. Nach langem inneren Ringen erteilte der Kaiser in den frühen Morgenstunden des 10. November 1918, einem Sonntag, den Befehl zur Fahrt ins holländische Exil.

Die Niederlande aber befanden sich selbst in einer innenpolitisch äußerst kritischen Lage. Zum einen hatte die Regierung des neutralen Hollands über den Aufnahmeantrag von Kaiser Wilhelm II. zu befinden, zum anderen galt es, die in Deutschland tobenden revolutionären Umtriebe schon an der Landesgrenze abzuwehren. Als vorläufiger Aufenthaltsort wurde dem Kaiser das Schloß Amerongen in der Provinz Utrecht zugewiesen. Dessen Besitzer, Graf Aldenburg Bentinck, begrüßte am 11. November Wilhelm II. in seinem Hause. Der Initiative der holländischen Königin Wilhelmina war es zu verdanken, daß Kaiserin Auguste Victoria am 28. November 1918 ihrem Ehemann ins Exil folgen durfte. Sie wie auch ihr Ehemann sollten ihre Heimat nie wiedersehen. Am selben Tag unterzeichnete Wilhelm II. in Amerongen die offizielle, von der neuen Regierung in Berlin verfaßte Abdankungserklärung. Alle Offiziere und Beamte wurden von ihrem Eid auf den Kaiser entbunden.

Huis Doorn

Wilhelm II. in seinem Exil in Doorn

Die Haltung der niederländischen Regierung gegenüber dem deutschen Kaiser, den die feindliche Propaganda zum Anstifter des Krieges und zum Kriegsverbrecher gestempelt hatte, brachte das kleine neutrale Land in eine prekäre Lage. Nach Unterzeichnung des Versailler Vertrages 1919 verlangten die alliierten Siegermächte die Auslieferung von Kaiser Wilhelm II. Trotz Androhung von diplomatischen Sanktionen und militärischem Eingreifen blieben Königin Wilhelmina und die Regierung bei ihrer Entscheidung.

Im Sommer 1919 bot sich dem Kaiserpaar die Möglichkeit, ein eigenes Anwesen zu erwerben. In der Nähe von Amerongen wurde das Haus Doorn, ein Landhaus mit Nebengebäuden und großem Park, zum Verkauf angeboten.

Haus Doorn war aus einem mittelalterlichen Rittergut, einem Kastell mit Wassergraben, entstanden. Seine Geschichte reicht zurück bis ins 9. Jahrhundert und ist eng mit der Domprobstei zu Utrecht verflochten. Ende des 18. Jahrhunderts hatte ein grundlegender Umbau für die heute noch sichtbare äußere Gestalt gesorgt.

Die preußische Regierung hatte 1918 das gesamte Vermögen des Hauses Hohenzollern beschlagnahmt, stellte aber finanzielle Mittel für den Kauf und Umbau von Haus Doorn sowie für den Lebensunterhalt zur Verfügung. Im Mai 1920 konnte das Kaiserpaar sein neues Domizil in Besitz nehmen.

Haus Doorn war im Vergleich zu den früheren Wohnstätten des Kaisers in Potsdam und Berlin ein kleines Landhaus. Es deutet aber alles darauf hin, daß sich Wilhelm II. in seinem holländischen Exil im Verlaufe der Jahre wohlgefühlt hat.

Die niederländische Regierung verlangte aber von Wilhelm II. einschneidende Verhaltensmaßregeln. Er durfte sich nur in einem Umkreis von 15 Kilometern frei bewegen, mußte sich politischer Äußerungen enthalten und der Überprüfung seines Briefwechsels zustimmen.

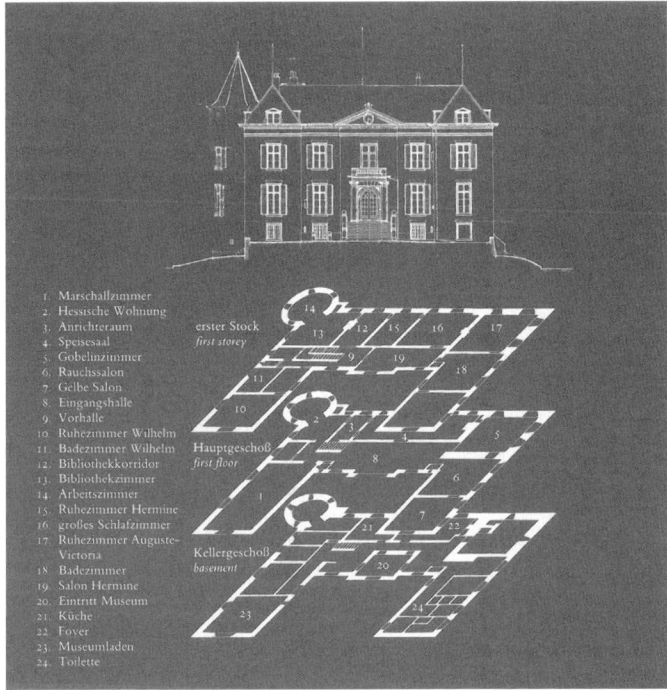

Grundriß Huis Doorn

Über dem Souterrain mit kaiserlicher Küche, Silberkammer und Weinkeller lagen die zwei Wohnetagen des Kaiserpaares. Sie wurden mit Möbeln und Erinnerungsstücken aus den kaiserlichen Wohnungen im Berliner Schloß, dem Schloß Bellevue sowie dem Neuen Palais in Potsdam eingerichtet.

In der Beletage befanden sich die offiziellen Räumlichkeiten. Das Vestibül, das im Auftrag Wilhelms II. durch den Abbruch des alten, innen gelegenen Treppenhauses und den Bau der Haupttreppe entstanden war, vermittelte durch die Auswahl von verschiedenen Porträts sogleich jedem Gast des Hauses die verwandtschaftlichen Beziehungen des Hauses zu dem niederländischen Königshaus der Oranier.

Vom Vestibül aus betrat man ein Empfangszimmer mit Gobelins aus dem 18. Jahrhundert, Rokoko-Kommoden der Gebrüder Spindler und wertvollen Dekorationen aus chinesischem, Meißner und Berliner Porzellan. Daran schloß sich das Rauchzimmer von Haus Doorn an. Inmitten von Erinnerungen an den berühmtesten Vorfahren der Hohenzollern, Friedrich den Großen, beschloß Wilhelm II. nach dem abendlichen Diner im Kreis seiner Familie, des kleinen Hofstaates sowie von Gästen, den Tag. Alles in diesem Raum erinnert noch heute an den großen König: Porträts von Friedrich als Kronprinz sowie seiner Rheinsberger Freunde aus dem Berliner Schloß, die Schnupftabakdosen-Sammlung aus dem Hohenzollern-Museum und vieles andere. Vom Rauchzimmer führt eine Tür in den Gelben Salon, der als Damensalon für Kaiserin Auguste Victoria eingerichtet war.

Marschall- und Adjutantenzimmer sowie eine Gästewohnung, bestehend aus Salon und kleinem Schlafzimmer, rundeten die Beletage ab.

Über der Beletage befand sich der private Wohnbereich des Kaiserpaares. Die Anlage des Hauses ermöglichte die Einrichtung persönlicher Appartements sowohl für Wilhelm II. als auch für die Kaiserin. Beide verfügten über eigene Schreibkabinette sowie Schlaf- und Badezimmer. Neben dem runden Arbeitszimmer des Kaisers im Turm – eine Hommage an Friedrich den Großen- wurde die Bibliothek des Kaisers eingerichtet.

Zwischen beiden Appartements lagen das gemeinsame Schlafzimmer sowie ein kleines Frühstückszimmer. Nach dem Tod der Kaiserin Auguste Victoria am 11. April 1921 ließ Wilhelm II. zur Erinnerung an seine erste Frau deren Sterbezimmer unverändert.

Auguste Victoria

Erste Gemahlin von Wilhelm II.

Auf ihren Wunsch hin wurde Auguste Victoria im Antikentempel in Potsdam beigesetzt. Nach Auguste Victorias Tod litt Wilhelm II. verstärkt unter den Einschränkungen des Exils. Er müsse wieder eine Gefährtin finden, war die letzte große Sorge der schwerkranken Auguste Victoria gewesen.

Wilhelm II. nahm mit Dankbarkeit die zunächst briefliche Verbindung und Fürsorge an, die ihm die verwitwete Prinzessin Hermine von Schönaich-Carolath, geborene Prinzessin Reuß ältere Linie zu erkennen gab. Nachdem sie sich persönlich in Doorn kennengelernt hatten, gab Hermine im November 1922 dem Kaiser ihr Jawort.

Die zweite Ehefrau Wilhelms II. war eine intelligente und aufgeweckte Frau und Mutter von fünf Kindern. Sie verstand es, das Leben in Doorn für den Kaiser abwechslungsreich zu gestalten. Während ihrer regelmäßigen Aufenthalte in Deutschland, die wegen der Verwaltung ihrer Besitzungen notwendig waren, beobachtete Hermine genau die Entwicklungen der Weimarer Republik. Als Reaktion auf die sich stets verschlechternde innenpolitische Lage in Deutschland gründete sie 1929 ihr „Herminen-Hilfswerk". Durch Verkaufsbasare in Doorn und Berlin sammelte Hermine Geldmittel, um notleidenden alleinstehenden Frauen durch die Schaffung von Arbeitsplätzen dauerhaft zu helfen.

Hermine

Zweite Gemahlin von Wilhelm II.

Kaier Wilhelm II. in Doorn

Von dem nationalsozialistischen Politiker Hitler erhoffte sie sich zunächst eine Verbesserung der Verhältnisse in Deutschland. Seine politischen Ziele durchschaute sie nicht. Kaiser Wilhelm II. versprach sich aufgrund der absehbaren politischen Veränderungen in Deutschland eine reelle Chance einer Wiedereinführung der Monarchie durch Hitler. Er wurde darin durch seinen Hausminister bestärkt, der 1931 und 1932 zwei Besuche des preußischen Ministerpräsidenten und NSDAP-Politikers Hermann Göring in Doorn vermittelte. Doch schon 1933 wuchs Wilhelms Skepsis gegenüber den Nationalsozialisten. Diese Überzeugung brachte ihn in Widerspruch zu seiner Frau Hermine. Wilhelm II. verglich den Nationalsozialismus mit dem Bolschewismus. Hermine verteidigte die auf Hitler zurückgeführte Verbesserung des Lebensstandards der Mehrheit der deutschen Bevölkerung. Spätestens bei Ausbruch des Zweiten Weltkrieges 1939 war aber auch ihr klar geworden, daß Hitler Deutschland ins Unglück stürzen würde.

In den ersten Jahren seines Exils galt seine Hauptbeschäftigung der Auseinandersetzung mit der Kriegsschuldlüge, wie sie im Versailler Vertrag von den Siegermächten festgeschrieben worden war, um die ungeheuer hohen Entschädigungsverpflichtungen Deutschlands zu rechtfertigen. Wilhelm II. wollte beweisen, daß er nicht der Kriegsverbrecher war, zu dem ihn bereits während des Ersten Weltkrieges seine Feinde gestempelt hatten. In späteren Jahren beschäftigte er sich mit Themen aus der Theologie, Geschichte und Archäologie.

In dem circa 60 Hektar großen Park des im englischen Landschaftsstil gestalteten Areals von Doorn suchte Kaiser Wilhelm II. immer wieder Entspannung. Im Laufe der Jahre wurde unter seiner Hand aus dem Park ein von Fachleuten anerkanntes und gern besuchtes Naturmonument.

In den Wintermonaten arbeitete Wilhelm II. im Park auf seinem bereits 1919 angelegten Holzplatz.

Nach dem Angriff der Deutschen Wehrmacht auf Holland im Mai 1940 wurde Wilhelm II. vom englischen Königshaus Asyl in England angeboten. Adolf Hitler stellte ihm die Rückkehr nach Deutschland frei, aber Wilhelm II. blieb in Doorn. Als die deutschen Truppen nach nur sechs Wochen Frankreich besiegt hatten, sandte der Kaiser Hitler ein Glückwunschtelegramm aus Doorn und sorgte für großes Unverständnis.

Erst 50 Jahre nach dem Zweiten Weltkrieg wurde bekannt, daß der damalige Hausminister Wilhelm von Dommes der Urheber dieser Telegrammadresse gewesen war. Allerdings dürfte der Inhalt dieses Telegramms Adolf Hitler keineswegs besonders genehm gewesen sein.

Wilhelm II., der 30 Jahre als Kaiser das Deutsche Reich regiert hatte, starb nach 23 Jahren Exil im Alter von 82 Jahren. Er wurde in Doorn beigesetzt. Schon 1933 hatte Wilhelm II. verfügt, in Doorn beigesetzt zu werden, sofern nicht in Deutschland die Monarchie wieder eingeführt werden würde. Er wollte damit verhindern, daß Hitler die Beerdigung des letzten Deutschen Kaisers in Berlin oder Potsdam für sich selbst als „Nachfolger des Kaisers" in der Führung des Reiches propagandistisch nutzen konnte. Ein Jahr nach seinem Tod, 1942, war das nach seinen Plänen gestaltete Mausoleum fertiggestellt, so daß der Sarkophag aus der kleinen Kapelle dorthin überführt werden konnte. Das Mausoleum bleibt für Besucher geschlossen.

In seinem Testament hatte Wilhelm II. den jeweiligen Chef des Hauses Hohenzollern gemahnt, Haus Doorn mit dem Sterbezimmer seiner Gemahlin Auguste Viktoria so zu erhalten, wie es war. Der Kronprinz erfüllte dieses Vermächtnis, indem er Haus Doorn nach dem Tod des Kaisers nicht auflöste, sondern einer neuen Funktion zuführte. Haus Doorn wurde Museum. Seit Beginn 1942 öffnete es Besuchern mit besonderer Genehmigung an drei Tagen in der Woche seine Tore.

Nach dem Tod von Wilhelm II. 1941 kehrte Hermine auf ihre Besitzungen im schlesischen Saabor bei Grünberg zurück. 1945 floh sie vor der sowjetischen Roten Armee zu ihrer Schwester nach Roßla im Harz. Die sowjetische Besatzungsmacht verfügte ihre zwangsweise Umsiedlung von dort nach Frankfurt an der Oder, wo sie 1947 an Herzversagen starb. Hermines Wunsch, neben Wilhelm II. in Doorn beigesetzt zu werden, konnte in den Nachkriegswirren nicht erfüllt werden. Sie fand später ihre letzte Ruhestätte neben Auguste Viktoria und weiteren Familienmitgliedern im Antikentempel in Potsdam.

1945 beschlagnahmte die holländische Regierung den gesamten Besitz als Feindvermögen. Trotz vielfältiger Versuche erhielten der Kronprinz und auch dessen Sohn Prinz Louis Ferdinand als Chef des Hauses Hohenzollern ihr Eigentum nicht zurück. Der Überfall auf Holland 1940 und die folgenden fünf Jahre deutscher Besetzung hatten tiefe Wunden geschlagen. 1948 drohte Haus Doorn die Liquidierung. Ungeahnter Protest und das diplomatische Geschick des Doorner Bürgermeisters Baron van Nagell verhinderten die Auflösung des Museums.

Zu Beginn der 50er Jahre übergab der holländische Staat den Besitz der „Stiftung zur Verwaltung von Haus Doorn". Der erste holländische Direktor des Museums war Baron van Nagell, der dem Kaiser zu dessen Lebzeiten sehr ergeben gewesen war.

Zwischen 1990 und 1992 erlebte das Haus eine gründliche Restaurierung im Wert von sechs Millionen Gulden. Seit 1997 wird mit großem Einsatz der heutigen Gärtner und ehrenamtlichen Helfer daran gearbeitet, den im Laufe der Jahrzehnte verwilderten Park wieder in seinen historischen Zustand zu versetzen. Umso unverständlicher war die Mitteilung des Staatssekretärs für Kultur im Sommer 2000, das Museum schließen zu wollen. Die Geschichte schien sich zu wiederholen.

Auch dieses Mal erntete der Regierungsbeschluß viel Unverständnis und Protest, so daß Haus Doorn weiterhin erhalten bleiben wird; als Erinnerung an die konsequente Haltung des holländischen Königshauses und seiner Regierung in der Sicherung des Exils für den letzten Deutschen Kaiser und als ein unersetzliches, einmaliges Ensemble von hohem kultur-historischem Wert.

Die Nachfahren von Kaiser Wilhelm II.

1)   **Friedrich Wilhelm Kronprinz
     des Deutschen Reiches und von Preußen,**

    * Marmorpalais bei Potsdam 6.5.1882, † Hechingen 20.7.1951
    ∞ Berlin 6.6.1905 **Herzogin Cecilie zu Mecklenburg,**
    * Schwerin 20.9.1886, † Bad Kissingen 6.5.1954

Nach dem Ende seiner Kadettenzeit in Plön trat Kronprinz Wilhelm als Leutnant in das Potsdamer 1. Garderegiment zu Fuß ein und studierte gleichzeitig Staatsrecht und Geschichte in Bonn. In der Reichshauptstadt Berlin absolvierte er mehrere Stationen in Ministerien, um mit den Verwaltungsabläufen vertraut gemacht zu werden.

Längere Studienreisen nach Indien und Ägypten folgten. 1911 wurde ihm das Kommando über das 1. Leibhusaren-Regiment, die „Totenkopf-Husaren" in Danzig übertragen. Diese drei Jahre in Danzig erwiesen sich als die glücklichsten im Leben des Kronprinzen, der seit 1905 mit Herzogin Cecilie zu Mecklenburg verheiratet war.

Kronprinz Wilhelm und Kronprinzessin Cecilie

Das Verhältnis zwischen Vater und Sohn wurde durch gegenseitigen, stark ausgeprägten Eigenwillen bestimmt und verhinderte ein vertrauensvolles Miteinander. Die Spannungen zwischen beiden waren evident. Der Kronprinz verhielt sich aber stets loyal zum Kaiser, so auch in der „Daily Telegraph"-Affäre vom November 1908, in der sein Vater mit dem Gedanken spielte, abzudanken. Beide Männer vertraten nicht nur verschiedene Epochen, sie waren auch menschlich gegensätzlich.

Der Kronprinz war ein Gegner der Außen- und Innenpolitik des Reichskanzlers von Bethmann Hollweg und artikulierte dies unbekümmert in der Öffentlichkeit. Seine Schwäche für Zerstreuungen, die er selbst in schweren Zeiten nicht einstellte, boten Angriffsflächen. Hiermit sollte auch die Monarchie insgesamt getroffen werden.

Im Ersten Weltkrieg führte der Kronprinz die 5. Armee. Nach dem Scheitern der Offensive gegen Verdun versuchte er vergeblich bei seinem Vater und der Obersten Heeresleitung ein anderes operatives Vorgehen zu bewirken, um das sinnlose Blutvergießen im Stellungskrieg zu beenden. Unentwegt, aber gleichfalls vergeblich hielt er Ausschau nach Möglichkeiten eines tragbaren Friedens.

Besuch des Prinzen Heinrich im Hauptquartier des Kronprinzen

Angesichts der Forderungen des amerikanischen Präsidenten Wilson widersetzte er sich der Abdankung des Kaisers und seinem eigenen Thronverzicht, da er in ihnen eine Demütigung Deutschlands sah. Noch am 9. November 1918 bestärkte er den Kaiser in seinem ursprünglichen Entschluß, beim Heer zu bleiben, wie er es selbst beabsichtigte. Erst auf Einspruch der Revolutionsregierung in Berlin folgte er seinem Vater am 12. November 1918 nach Holland.

Kronprinz Wilhelm war von den obersten Militärs bedeutet worden, daß er bei der Truppe nicht mehr benötigt werde. Im Gegensatz zu seinem Vater, wurde er in den Niederlanden nicht als Zivilperson behandelt, sondern auf der holländischen Insel Wieringen in der Zuidersee als Soldat interniert. Hier verzichtete er am 1. Dezember 1918 auf seine Thronrechte. Die eisige Ablehnung durch die Bewohner konnte der Kronprinz im Laufe der fünf Jahre seiner Internierung durchbrechen.

Von Wieringen aus trat er mit einem Protesttelegramm an die Siegermächte für die „sogenannten" 896 Kriegsverbrecher ein, deren Auslieferung die Alliierten verlangt hatten, „welche keine Verfehlung begingen, als daß sie ihrem Vaterland gedient haben." Sein politisches Denken und Handeln legte er der Öffentlichkeit in zwei Büchern dar („Erinnerungen" 1920, „Meine Erinnerungen an Deutschlands Heldenkampf" 1923), in einem dritten („Ich suche die Wahrheit" 1925) setzte er sich mit der Kriegsschuldlüge auseinander.

Nach seiner von Gustav Stresemann 1923 ermöglichten Heimkehr lebte der Kronprinz auf seinen Besitzungen Cecilienhof in Potsdam und Oels in Schlesien. Bei Besuchen in seinem einstigen Internierungsdomizil wurde er mittlerweile von den Inselbewohnern herzlich empfangen.

Er war ein großer, auch ausübender Freund der Musik und ein noch größerer des Sports jeder Art. Dies und seine leichte und natürliche Art im Umgang mit seinen Mitmenschen brachte ihm sehr viel Sympathie ein – er war in Deutschland überaus beliebt. Er besaß ein joviales Wesen und verstand es, gut mit den Menschen aus allen sozialen Schichten einfühlsam umzugehen. Er war ein guter Redner und geduldiger Zuhörer, für den Toleranz kein Fremdwort war.

Sein Verantwortungsgefühl für Deutschland und die Monarchie machten es ihm in den Krisen zu Beginn der dreißiger Jahre sehr schwer, der Politik fern zu bleiben. So ließ er sich 1932 für den Versuch einer eigenen Kandidatur bei dem zweiten Wahlgang zu den Reichspräsidentenwahlen gewinnen, machte sie aber von der Zustimmung seines Vaters abhängig, die ihm aber Wilhelm II. aus streng monarchischem Denken heraus verweigerte.

Das anfängliche Vertrauen des Kronprinzen in den idealistischen und patriotischen Kern der nationalsozialistischen Bewegung endete jäh, nachdem Hitler beim Röhm-Putsch 1934 Anhänger und Gegner ermorden ließ. In den nachfolgenden Jahren zog er sich immer mehr zurück, schloss sich aber nicht dem Widerstand gegen Hitler an. Bei Kriegsende 1945 wurde er in Südwestdeutschland von den Franzosen verhaftet. Später konnte der Kronprinz seinen Wohnsitz zunächst auf der Burg Hohenzollern, dann in Hechingen nehmen.

Wilhelm verbrachte die letzten Jahre einsam, ohne Hoffnung und voller Enttäuschung. Ihm war es nicht vergönnt gewesen, seinem Vater auf dem Thron nachzufolgen, für den er vorgesehen war. Er starb 1951 in Hechingen. Als letzte Ruhestätte hatte er sich einen Platz in dem Garten auf der Michaelsbastei der Burg Hohenzollern ausgesucht. Dort wurde er auch beigesetzt.

Seine Frau Kronprinzessin Cecilie zeigte sich nach dem Ende der Monarchie in Deutschland 1918, als sie ganz auf sich gestellt war, der schweren Verantwortung gewachsen, die ihr die Lebensgestaltung ihrer Familie nach dem Umsturz auferlegte. Sie half dem Kronprinzen nach seiner Rückkehr aus der Internierung 1923 in dem veränderten Deutschland wieder Fuß zu fassen und teilte ebenso tapfer gegen Ende des Zweiten Weltkrieges mit vielen Tausenden die Entbehrungen der Flucht aus Potsdam nach Süddeutschland, wo sie zunächst in Kissingen Zuflucht fand. Später hatte sie ihren Wohnsitz in Stuttgart. Ihre letzte Ruhestätte fand sie an der Seite ihres Mannes auf der Burg Hohenzollern.

Söhne:

(1)   Prinz Wilhelm von Preußen,
** Marmorpalais b. Potsdam 4.7.1906
(verzichtet 1933 auf seine Rechte als erstgeborener Sohn)
† als Oblt.d.R im Feldlazarett Nivelles/Frankreich 26.5.1940
∞ Bonn 3.6.1933 Dorothea von Salviati,
* Bonn 10.10.1907, † Bonn 7.5.1972*

Er studierte Rechts- und Staatswissenschaften an den Universitäten Bonn, München und Königsberg und engagierte sich im Soldatenbund „Stahlhelm", in dem auch sein Vater bis zur politischen „Gleichschaltung" durch Hitler eine führende Rolle spielte.

Wie der Kronprinz liebte Wilhelm von Preußen den Sport und praktizierte ihn in den verschiedensten Disziplinen. Prinz Wilhelm lebte meist auf seinem Gut Klein-Obisch bei Glogau. Er war wegen seines schlichten ritterlichen Wesens überall beliebt. In der Weimarer Republik blieb es ihm aufgrund von Vorschriften versagt, wie beabsichtigt die Laufbahn des aktiven Offiziers einschlagen zu dürfen. Seine Teilnahme als Gast bei einem Reichswehrmanöver führte 1926 zur Entlassung des Reichswehr-Chefs, Generaloberst Hans von Seeckt.

Am Zweiten Weltkrieg nahm der passionierte Soldat als Oberleutnant der Reserve im Königsberger Infanterieregiment 1 teil. Er kämpfte in Polen und wurde während des Frankreichfeldzuges in einem Gefecht bei Valenciennes schwer verwundet. Er erlag am 26. Mai 1940 in einem Feldlazarett in Nivelles seinen Verletzungen. Seine Beisetzung in Potsdam wurde zu einer einzigartigen Treuekundgebung für das Haus Hohenzollern. Dies veranlasste Hitler alle Prinzen aus der kämpfenden Truppe zurückzuziehen; angeblich wegen „internationaler Versippung", in Wirklichkeit aber, um sie nicht noch volkstümlicher werden zu lassen.

Töchter:

a.   Prinzessin Felizitas
** Bonn 7.6.1934
∞ I. Bonn 12.9.1958 Dinnies v. der Osten a. d. H. Witzmitz,
Köslin 21.5.1929, Dipl.-Volkswirt, (gesch. Hamburg 5.5.1972)*
                                                                                (3 Kinder)
*∞ II. Aumühle, Bez. Hamburg, 27.10.1972 Jörg v. Nostiz-Wallwitz,
* Verden a. d. Aller 26.9.1937, Bankkaufm.*   (1Tochter)

b.   Prinzessin Christa
** Schloß Kl.-Obisch 31.10.1936, führt wieder den Geburtsnamen,
Kunsthändlerin
∞ Wahlscheid, Siegkreis, 24.3.1960 Peter Liebes
* München 18.1.1926, † Bonn 5.5.1967, Referent im Auswärt. Amt*

(2) **Prinz Louis Ferdinand von Preußen,**
* Marmorpalais b. Potsdam 9.11.1907,
† Bremen 25.9.1994,
Dr. phil, Dr. h.c., Oblt. d. R. (Luftwaffe) a. D.
∞ Potsdam 2.5.1938 Großfürstin Kira von Rußland
* Paris 9.5.1909, † St. Briac-sur-mer 8.9.1967

Louis Ferdinand Prinz von Preußen wurde am 9. November 1907 als zweiter Sohn des Kronprinzen Wilhelm und seiner Ehefrau Cecilie im Potsdamer Marmorpalais geboren. Seine frühe Jugend verlebte der Prinz in Potsdam, Danzig und Berlin. An seinem 11. Geburtstag dankte der Kaiser ab. Nach der Revolution in Deutschland besuchte er das städtische Realgymnasium in Potsdam, studierte dann in Bonn und Berlin und promovierte dort 1931 mit den Fächern Nationalökonomie, Philosophie und Geschichte zum Dr. phil. Zu seiner Dissertation „Theorie der Einwanderung, dargestellt am Beispiel Argentiniens", wurde er durch eine Reise in das südamerikanische Land angeregt.

Nach dieser Schulung im wissenschaftlichen Denken, für die er immer dankbar geblieben ist, sammelte er mit Einverständnis seines Großvaters Wilhelm II., der ihm stets besonders zugetan war, mehrere Jahre lang gründliche Erfahrungen bei der Ford Motor Company in Buenos Aires und Detroit. Dort lernte er von der Pike auf die harte Arbeitswelt kennen. Auf seinen Reisen durch die USA kam er mit Land und Leuten in Berührung. Er machte sich mit der amerikanischen Denkweise vertraut.

1933 hatte sein älterer Bruder Wilhelm bei seiner Heirat mit Dorothea von Salviati wegen seiner nicht hausgesetzmäßigen Ehe auf seine Rechte als erstgeborener Sohn verzichtet. So rückte sein Bruder Prinz Louis Ferdinand an die erste Stelle eines potentiellen Thron-Anwärters.Von 1935 bis 1938 war Prinz Louis Ferdinand in der Auslandsabteilung der Deutschen Lufthansa tätig. Am 4. Mai 1938 heiratete er im niederländischen Exil des Großvaters auf Haus Doorn Großfürstin Kira von Rußland. Sieben Kinder entstammen dieser Ehe. Als Oberleutnant der Reserve diente er bei Kriegsausbruch als Transportflieger und Blindfluglehrer in der Luftwaffe. Nach dem „Prinzenerlaß" mußte Prinz Louis Ferdinand Ende 1940 die Wehrmacht verlassen. Er übernahm die Verwaltung des schlesischen Gutes Cadinen, wo er sich sehr gerne aufhielt.

Der Syndikus der Deutschen Lufthansa, Otto John (später erster Präsident des Verfassungsschutzes der Bundesrepublik Deutschland, der auf mysteriöse Weise in die DDR gelangte) führte Prinz Louis Ferdinand in den Widerstandskreis um Karl Goerdeler ein. Diesem und seinen Mitstreitern, den Brüdern Bonhoeffer, ihrem Schwager von Dohnanyi, Jakob Kaiser, Leuschner und von Kleist-Schmenzin, schien er als Träger einer großen Tradition und dank seines Werdegangs der gegebene Vermittler zwischen den verschiedenen Strömungen innerhalb der Widerstandsbewegung zu sein. In den Besprechungen Bonhoeffers mit Bischof Bell von Chichester in Schweden zu Pfingsten 1942 wurde der Preußen-Prinz als mögliches Staatsoberhaupt genannt, falls England die Wiedererrichtung der Monarchie in Deutschland befürworten sollte: „ein Christ mit ausgesprochen sozialem Verständnis". Nach dem gescheiterten Attentat auf Hitler vom 20. Juli 1944 lebte er in ständiger Furcht, von der Gestapo verhaftet zu werden. Er hatte das Glück, daß sein Name in den Verhören der verhafteten Verschwörer nie genannt wurde. So blieb ihm eine geschichtliche Rolle versagt.

Vermählung des Prinzen Louis Ferdinand von Preußen in Doorn

Gegen Ende des Krieges 1945 mußte er über das gefrorene Haff vor der heranrückenden Roten Armee fliehen. Zunächst fand er mit seiner Familie Unterkunft in Bad Kissingen, später zog er nach Bremen um.

Er wurde bei seinen zahlreichen Auslandsreisen in der Nachkriegszeit überall herzlich aufgenommen, besonders in den Vereinigten Staaten und Israel, wo er viele Bekannte traf und Verständnis für das Anliegen des geteilten Deutschland wecken konnte. Besonders eng fühlte er sich den Heimatvertriebenen verbunden, an deren Treffen – wann immer möglich – er teilgenommen hat. Er hat ebenso einfach und klar wie bestimmt auf die freie Zukunft Deutschlands und seine angemessene Rolle in Europa gesetzt. 1954 war er einer der Kandidaten für das Amt des Bundespräsidenten in der Bundesrepublik.

Bald nach dem Bau der Berliner Mauer 1961 nahm er wieder einen Wohnsitz in der ehemaligen Reichshauptstadt Berlin. In der Kaiser-Wilhelm-Gedächtnis-Kirche fand 1965 die Trauung seiner ältesten Tochter Marie Cécile mit Herzog Friedrich-August von Oldenburg statt. Den Wiederaufbau des Gotteshauses hat er jahrelang ideell unterstützt und auch das Glockenspiel komponiert. Ebenso hatte er sich unter schwierigen politischen Bedingungen für die Erhaltung des Berliner Domes im kommunistisch beherrschten Ostteil der Stadt als sakrales Gebäude eingesetzt.

Seit dem Fall der Mauer in Berlin und des Eisernen Vorhangs am 9. November 1989, seinem 82. Geburtstag, sah der Prinz eine seiner Hauptaufgaben in der geistigen Wiedervereinigung, in der Überwindung der durch die vierzigjährige Trennung entstandenen Spaltung des deutschen Volkes. Sein besonderes Interesse galt Potsdam, das er nahezu ein halbes Jahrhundert nicht besuchen konnte. Es verband ihn ein fast freundschaftliches

Verhältnis mit dem Ministerpräsidenten Stolpe sowie einer Anzahl von prominenten Vertretern seines Heimatlandes Brandenburg und seiner Vaterstadt Potsdam.

Seine besondere Liebe, von Vater und Mutter geerbt, gehörte stets der Musik. Auf diesem Gebiet ist er wie der 1806 in Saalfeld gefallene Prinz gleichen Namens auch mit eigenen Lied – und Orchesterschöpfungen hervorgetreten. Im September 1989 wurde ihm von der Universität of Seattle/Wash. die Ehrendoktorwürde für seine Arbeiten als Komponist verliehen.

Als Chef des Hauses Hohenzollern wußte er, daß er ein großes geschichtliches Erbe zu bewahren hatte, daß es aber, mit Reinhold Schneider zu sprechen, „in die Zeit übersetzt", werden muß. Es lag ihm fern, Gewesenes wiederherzustellen, doch war er überzeugt, daß auch, ja gerade in der modernen Welt, die monarchische Staatsordnung die beste Gewähr für eine freie Entfaltung jedes einzelnen, für maßvolle, gerechte und verantwortungsbewußte Handhabung der Staatsgewalt und für die Einheit des Volkes quer durch alle Schichten böte. Einem Ruf, der aus solcher Erkenntnis heraus erginge, hätte er sich niemals versagt.

In all diesen Gedanken und Empfindungen wuchsen der Prinz und seine Frau, Großfürstin Kira, eine Nichte des letzten Zaren und Schwester des Chefs des Hauses Romanow, zu einer Einheit zusammen, ohne daß die persönliche Eigenständigkeit des Ehepaars darunter gelitten hätte. In seinem Buch „ Die Geschichte meines Lebens" hatte er seine Frau „seinen besten Freund, Kameraden und Ratgeber" genannt. Zweimal, 1917 und 1945 wurde Prinzessin Kira wie Millionen andere Menschen aus ihrer Heimat vertrieben. Um so eifriger war sie bemüht, dem Haus Preußen einen neuen Mittelpunkt auf der Burg Hohenzollern zu schaffen.

Dieser sollte nicht nur historische Erinnerungen, sondern auch tätige Hilfe einschließen. Aus den Mitteln der 1952 errichteten „Prinzessin-Kira-von-Preußen-Stiftung" wird in den Sommermonaten Berliner Kindern und seit der Wiedervereinigung auch Kindern aus dem Land Brandenburg und aus Rußland ein Erholungsurlaub auf der Burg Hohenzollern ermöglicht. Die Gelder werden durch Wohltätigkeitskonzerte mit berühmten Interpreten, insbesondere auf der Burg Hohenzollern, aufgebracht. Dabei erklingen auch regelmäßig eigene Kompositionen von Prinz Louis Ferdinand.

Prinzessin Kira starb 1967 – ein schwerer Schlag für den Prinzen. Louis Ferdinand schrieb später: „Meine Frau und ich haben seit jeher an die Wiedergeburt Deutschlands und seiner Hauptstadt geglaubt. Und wenn man eines Tages von uns sagen würde, wir hätten im Rahmen unserer Kräfte ein wenig an ihr mitgeholfen, so wäre das die schönste Bestätigung für die Berechtigung und den Sinn unseres Lebens." Durch die Wiedervereinigung West – und Mitteldeutschlands in Freiheit und Frieden wurde dieser Traum teilweise erfüllt. Sein im Jahr 1952 abgegebenes Versprechen, die Särge seiner großen Vorfahren, König Friedrich Wilhelm I. und Friedrich des Großen, nach der Wiedervereinigung von der Burg Hohenzollern nach Potsdam zu überführen, wurde durch ihn am 17. August 1991, dem 205.Todestag des „Alten Fritz" eingelöst. Die Bundeswehr stellte für die Zeremonie ein Ehrengeleit. Die Grablegung Friedrichs des Großen auf der oberen Terrasse des Schlosses Sanssouci wurde für Prinz Louis Ferdinand, wie er in seinen Erinnerungen schreibt, neben dem Tag seiner Hochzeit der Höhepunkt seines Lebens.

**Prinz Louis Ferdinand
von Preußen**

Prinz Louis Ferdinand starb am 25. September 1994 im Alter von 84 Jahren in Bremen.

Kinder:

a. **Prinz Friedrich Wilhelm,**
   * Berlin 9.2.1939,
   verzichtet Bremen 18.9.1967 für sich und seine Nachkommen auf die
   etwaigen Thronrechte,
   Dr. phil, Historiker
   ∞ I. Plön 22.8.1967 Waltraud Freydag, * Kiel 14.4.1940,
   (gesch. Schleswig 12.6.1975)
   ∞ II. Hechingen 23.4.1976 Ehrengard v. Reden
   * Berlin 7.6.1943, Pressereferentin (gesch. Berlin 2004)
   ∞ III. Berlin 23.3.2004 Sibylle Kretschmer, * 1952

   Kinder: a) erster Ehe:

   a) Prinz Phillip * Eutin 23.4.1968, Pfarrer
      ∞ Plön 28.6.1994 Anna Christine Soltau,
      * Preetz 2.4.1968   (4 Kinder)

   b) zweiter Ehe:

   b) Prinz Friedrich Wilhelm, * Berlin 16.8.1979, stud. jur.
   c) Prinzessin Viktoria Luise , * Berlin 2.5.1982
   d) Prinz Joachim Albrecht , * Berlin 26.6.1984

b. **Prinz Michael,**
   * Berlin 22.3.1940,
   verzichtet Bremen 29.8.1966 für sich und seine
   Nachkommen auf die etwaigen Thronrechte, kaufm. Dir.
   ∞ I. Düsseldorf 23.9.1966 Jutta Jörn, * Gießen 27.1.1943
   (gesch. Königstein, Taunus, 18.3.1982)
   ∞ II. Bad Soden, 23.6.1982, Brigitte Dallwitz-Wegener,
   * Kitzbühel 17.9.1939

   Töchter erster Ehe:

   a) Prinzessin Micaela , * Berlin 5.3.1967
      ∞ ....Jürgen Wessoly, *   1961   (2 Kinder)
   b) Prinzessin Nataly, * Frankfurt a. M. 13.1.1970

c. **Prinzessin Marie Cécile ,**
   * Cadinen, Kr. Elbing 28.5.1942
   ∞ Berlin 3.12.1965 Herzog Friedrich August von Oldenburg,
   *Rastede 11.1.1936, Dipl. Landwirt (gesch. München 23.11.1989)
   (3 Kinder)

d. **Prinzessin Kira,**
   * Cadinen 27.6.1943, † Berlin 10.1.2004
   ∞ München 10.9.1973 Thomas Frank Liepsner,
   * St. Louis, Missouri, 20.1.1945, Archäologe
   (gesch. Mühldorf am Inn .1.1984)

   (1 Tochter)

e. **Prinz Louis Ferdinand,**
   * Golzow, Neumark, 25.8.1944,
   † an den Folgen eines Wehrdienstunfalls Bremen 11.7.1977,
   Bankkaufm., Lt. d. Res.
   ∞ Rüdenhausen 24.5.1975 Donata Gräfin zu Castell-
   Rüdenhausen, * Rüdenhausen 20.6.1950
   (∞ II. Rüdenhausen 9.2.1991 Herzog Friedrich August von
   Oldenburg, * Rastede 11.1.1936, Dipl. Landwirt)

   Kinder:

   a) **Prinz Georg Friedrich von Preußen,** * Bremen
      10.6.1976
      seit 1994 Chef des Hauses Hohenzollern
   b) **Prinzessin Cornelie-Cécile (posthuma),** * Bremen
      30.1.1978

Prinz Georg Friedrich von Preußen wurde am 10. Juni 1976 in Bremen als erstes Kind von Prinz Louis Ferdinand jr. und Prinzessin Donata geboren. Bereits ein Jahr nach seiner Geburt starb sein Vater an den Folgen eines Manöverunfalls bei der Bundeswehr. Prinzessin Cornelie-Cécile, die Schwester von Prinz Georg Friedrich, kam erst nach dem Tod ihres Vaters 1978 zur Welt. Die beiden Kinder wuchsen in Fischerhude bei Bremen auf. Georg Friedrich wurde von seinem Großvater früh auf seine künftige Rolle als Chef des Hauses vorbereitet. Der Prinz besuchte Schulen in Bremen, Oldenburg (Holstein) und Glenn Almond (Schottland). Nach dem Abitur in Schottland absolvierte der Prinz seinen Wehrdienst bei den Gebirgsjägern in Mittenwald.

Der 18jährige Prinz Georg Friedrich wurde nach dem Tod seines Großvaters Prinz Louis Ferdinand, der am 25. September 1994 gestorben war, dessen Nachfolger als Chef des Hauses Hohenzollern. Der Prinz studierte im sächsischen Freiberg Betriebswirtschaftslehre. Daneben absolvierte er verschiedene Praktika im In- und Ausland. Mit großem Pflichtgefühl nimmt er seine Aufgaben als Chef des Hauses Hohenzollern wahr. Er ist Vorsitzender der „Prinzessin-Kira-von-Preußen-Stiftung"; daneben gehört er einer Vielzahl von Vereinigungen an.

Wie sein Großvater Prinz Louis Ferdinand hält auch Prinz Georg Friedrich eine enge Verbindung zu Israel. Im Rahmen von zwei Reisen besuchte er unter anderem die von Kaiser Wilhelm II. gestiftete Erlöserkirche in Jerusalem und die Hafenstadt Haifa, wo ein Denkmal für Kaiser Wilhelm II. steht. Einen besonderen Stellenwert bildet für Prinz Georg Friedrich das kulturelle Engagement. Die Erinnerung an die Geschichte Preußens und die Pflege der Tradition in zeitgemäßer Form sind für ihn nicht bloßer Auftrag, sondern entsprechen auch seinen persönlichen Neigungen. Im Zentrum seiner Arbeit steht der Erhalt der königlichen Sammlungen für die Öffentlichkeit. Neben den auf der Burg Hohenzollern ausgestellten Kunstwerken werden Tausende weiterer Leihgaben in Schlössern und Museen ausgestellt, die meisten davon in Berlin und Brandenburg.

Prinz Georg Friedrich von Preußen

f. **Prinz Christian Sigismund,**
   * Bad Kissingen, 14.3.1946, Betriebswirt
   ∞ Damp, Holst. , 29.9.1984 Gräfin Nina zu Reventlow,
   * Kiel 13.3.1954, Bankkauffrau

   Kinder:

   a) Prinz Christian, * Bremen 16.5.1986
   b) Prinzessin Irina, * Bremen 4.7.1988

g. **Prinzessin Xenia,**
   * Bremen-Oberneuland 9.12.1949,
   † Sehlendorf bei Lütjenburg18.1.1992
   ∞ Bremen 26.1.1973 Per-Edvard Lithander, * Wasa bei Göteburg,
   Schweden 10.9.1945, Kaufm.
   (gesch. München 6.3.1978)   (2 Söhne)

(3) **Prinz Hubertus,**
   * Marmorpalais bei Potsdam 30.9.1909,
   † Windhuk, Südwestafrika 8.4.1950, Hptm. (Luftwaffe) a.D.
   ∞ I. Oels, Schles., 29.12.1941 Freiin Maria-Anna von Humboldt-
   Dachroeden,
   * Bromberg 9.7.1916 (gesch. Berlin 4.1.1943)
   ∞ II. Schloß Prillwitz bei Hohenzieritz, Meckl. 5.6.1943 Prinzessin
   Magdalene Reuß, * Leipzig 20.8.1920

Er wurde zum Landwirt ausgebildet und unternahm von 1932 an längere Reisen durch
Ägypten und mehrere andere afrikanische Länder. Zu Beginn des Zweiten Weltkrieges
diente er in der Luftwaffe und übernahm später die Verwaltung des Gutes Reinhartshausen im Rheingau. Ende 1949 fuhr Prinz Hubertus nach Marienthal bei Windhuk, um
dort eine ehemals kaiserliche Farm zu übernehmen. Er starb 1950 unerwartet an einer
zu lange verzögerten Operation.

   Töchter zweiter Ehe:

   a.) **Prinzessin Anastasia**, * Brieg 14.2.1944
      ∞ 8.10.1965 Fürst Alois Konstantin zu Löwenstein-
      Wertheim-Rosenberg, * Würzburg 16.12.1941,
      Gerichtsreferendar, Obstlt. d. R.   (3 Kinder)
   b.) **Prinzessin Marie Christine**, * Gelnhausen 18.7.1947,
      † Gießen 29.5.1966

(4) **Prinz Friedrich,**
   * Berlin 19.12.1911, † Reinhartshausen 20.4.1966,
   Gutsbesitzer, Gerichtsreferendar a. D.
   ∞ Little Hadham, Gfschaft Hertford, England 30.7.1945 Lady Brigid
   Guiness, * London 30.7.1920, † Little Hadham, Herts., 8.3.1995

Nach dem juristischen Referendarexamen beim Kammergericht in Berlin, absolvierte er eine Banklehre und war anschließend bei der Vertretung des Kalisyndikats in England tätig. Bei Kriegsausbruch 1939 wurde er in England interniert, nach einiger Zeit aber entlassen, mit der Verpflichtung in der englischen Landwirtschaft zu arbeiten. Diese so gemachten Erfahrungen nutzte er später, indem er das als Musterbetrieb geltende Gut Patmore Hall bei London leitete. Er heiratete kurz nach Kriegsende Lady Brigid Guiness, mit der er fünf Kinder hatte.

Bei einem Besuch des ihm gehörenden Schlosses Reinhartshausen bei Erbach verließ er 1966 eines Abends seine Wohnung und wurde später tot aus dem Rhein geborgen. Der Hergang wurde nie aufgeklärt.

Kinder:

a. **Prinz Friedrich Nicholas,**
   * London 3.5.1946,
   Unternehmer
   ∞ Albury, Herts. , 27.2.1980 Hon. Victoria Mancroft,
   * London 7.3.1952

   Kinder:

   a)   Prinzessin Beatrice Victoria , * London 10.12.1981
   b)   Prinzessin Florence Jessica, * London 29.7.1983
   c)   Prinzessin Victoria Augusta, * London 15.12.1986
   d)   Prinz Frederick Nicholas, * London 11.6.1990

b. **Prinz Wilhelm Andreas,**
   London 14.11.1948
   ∞ London 2.1.1979 Alexandra Blahová, * Brünn
   28.12.1947

   Kinder:

   a)   Prinzessin Tatiana Brigid , * London 16.10.1980
   b)   Prinz Friedrich Alexander, * London 15.11.1984

c. **Prinzessin Victoria,**
   * London 22.2.1952
   ∞ Albury, Herts., 3.5.1976 Philippe Achache,
   * Toulouse, Frankr. 25.3.1948

d. **Prinz Rupert,**
   * London 28.4.1955
   ∞ London 8. 1. 1982 Ziba Rastegar,
   * Teheran 12.12.1954

   Töchter:

   a)   Prinzessin Brigid Elisabeth, * London 24.12.1983

b)   Prinzessin Astrid, * London 16.4.1985

e.   **Prinzessin Antonia,**
       * London 28.4.1955
       (Zwillingsschwester des Vorigen)
       ∞ London 3.2.1977 Charles Wellesley, Marquess
       Douro a. d. H. der Dukes of Wellington,
       * Windsor, Berks. , England, 19.8.1945
                                                    (2 Kinder)

(5)   **Prinzessin Alexandrine von Preußen**
       * Berlin 7.4.1915, † Starnberg 2.10.1980

(6)   **Prinzessin Cecilie von Preußen**
       * Schloß Cecilienhof 5.9.1917, † Königstein/Taunus 21.4.1975
       ∞ Burg Hohenzollern 21.6.1949 Clyde Kenneth Harris, Innenarchitekt,
       * Maud/Oklahoma, USA 19.4.1918, † Amarillo 2.3.1958   (1 Tochter)

2)   **Prinz Eitel Friedrich von Preußen**
       * Marmorpalais bei Potsdam 7.7.1883, † Potsdam 8.12.1942,
       Kgl. preuß. Generalmajor a. D.
       ∞ Berlin 27.2.1906 Herzogin Sophie Charlotte von Oldenburg,
       * Oldenburg 2.2.1879, † Westerstede 29.3.1964, (gesch. 1926)

Prinz Eitel Friedrich war mit Leib und Seele Soldat. Er diente im 1. Garderegiment zu
Fuß in Potsdam, dessen Kommandeur er bei Kriegsausbruch 1914 wurde. Er war ein
Vorbild an Tapferkeit und setzte sich stets für die Belange und das Wohl seiner Unter-
gebenen ein. Nach dem Ersten Weltkrieg engagierte er sich wie so viele Mitglieder des
Hauses Hohenzollern im Soldatenbund „Stahlhelm". Dem Hitler-Regime stand er
ablehnend gegenüber; deshalb versagte dieses ihm bei seiner Beisetzung 1942 die militärischen Ehren. Seine ehemaligen Kameraden durften nur in Zivil teilnehmen.

3)   **Prinz Adalbert von Preußen**
       * Marmorpalais bei Potsdam 14.7.1884, † La-Tour-de-Peilz bei Montreux
       22.9.1948, kaiserlich Deutscher KorvKpt. a. D.;
       ∞ Wilhelmshaven 3.8.1914 Prinzessin Adelheid von Sachsen-Meiningen,
       * Kassel 16.8.1891, † La-Tour-de-Peilz bei Montreux 25.4.1971

Er wurde Seeoffizier, unternahm auf dem Kreuzer „Hertha" ausgedehnte Auslandsreisen
und vertrat dabei seinen Vater, Kaiser Wilhelm II., an den Höfen von Peking und
Athen. Im Ersten Weltkrieg war er zunächst Bataillonskommandeur im Marinekorps
und kommandierte später den Kleinen Kreuzer „Danzig". 1919 zog er nach Hamburg
und übersiedelte später in die Schweiz. Nach 1945 unterstützte er von der Schweiz
aus viele alte Kameraden.

Kinder:

(1)   **Prinzessin Viktoria Marina von Preußen**
        * Kiel 11.9.1917, † Taos, USA 22.1.1981
        ∞ Springfield/Missouri 26.9.1947 Kirby Williams Patterson,
        Rechtsanwalt, * Springfield/Missouri 24.7.1907, † Springfield 1984,
        (gesch. 1962),   (3 Kinder)

(2)   **Prinz Wilhelm Victor von Preußen**
        * Kiel 15.2.1919, † München 7.2.1989, Hptm. a. D.,VersKaufm.
        ∞ Donaueschingen 20.7.1944 Gräfin Marie-Antoinette Hoyos,
        Freiin zu Stichsenstein, * Hohenthurm, Prov. Sachsen, 27.6.1920,
        † München 1.3.2004

Er diente bis Herbst 1943 als Hauptmann und Ordonnanzoffizier in der Wehrmacht.
Später arbeitete er als Handelsassistent in einem Forschungslaboratorium. Nach dem
Zweiten Weltkrieg war er als Versicherungskaufmann tätig.

        Kinder:

        a.   **Prinzessin Marie Louise**, * Konstanz 18.9.1945,
                Kinderkrankenschwester
                ∞ Hechingen 19.5.1971 Rudolf Graf und Herr von Schönburg-
                Glauchau, * Wechselburg 25.9.1932, Hoteldir.   (2 Kinder)

        b.   **Prinz Adalbert**, * Konstanz 4.3.1948, VersKaufm. ;
                ∞ Gentorf bei Braunschweig 14.6.1981
                Eva Maria Kudicke, * Ihahi, Iran, 30.6.1951, Heilgymnastin

                Söhne:
                a)   Prinz Alexander, * München 3.10.1984
                b)   Prinz Christian, * München 3.7.1987
                c)   Prinz Phillip, * München 3.7.1987
                        (Zwillingsbruder des Vorigen)

4)   **Prinz August Wilhelm von Preußen**
        * Potsdam 29.1.1887, † Stuttgart 25.3.1949
        Dr. d. Staatswissenschaften, Kgl. preuß. Oberst a. D. u. RegAssessor a. D.
        ∞ Berlin 22.10.1908 Prinzessin Alexandra zu Schleswig-Holstein-
        Sonderburg-Glücksburg, * Grünholz 21.4.1887, † Lyon 14.4.1957,
        (gesch. Potsdam 16.3.1920)

Prinz August Wilhelm, genannt „Auwi", besuchte die Universitäten Bonn, Straßburg
und Berlin und promovierte zum Doktor der Staatswissenschaften. Zeitweilig war er
Landrat des Kreises Ruppin mit Schloß Rheinsberg als Amtssitz 1930 trat er der NSDAP
bei. Er wurde in die SA aufgenommen. In dieser Zeit trat er als „Reichsredner" für die

Partei regelmäßig in der Öffentlichkeit auf. Im März 1933 wurde er Reichstagsabgeordneter für den Wahlkreis Potsdam. Im September des gleichen Jahres wurde er zum preußischen Staatsrat ernannt. In der Ernennung zum SA-Obergruppenführer gipfelte „Auwis" Führungsstellung in der Partei. Weil er angeblich 1942 sich negativ über den Reichspropagandaminister Joseph Goebbels geäußert haben soll, verlor der Prinz die Gunst der Nazis und erhielt Redeverbot. Nach dem Zweiten Weltkrieg mußte sich der Preußen-Prinz für seine Rolle im Dritten Reich vor den Alliierten verantworten.

Sohn:

Prinz Alexander Ferdinand von Preußen, * Berlin 26.12.1912, † Wiesbaden 12.6.1985, Major der Luftwaffe a. D.
∞ Dresden 19.12.1938 Irmgard Weygand, * Mainz 22.8.1912, † Wiesbaden 3.12.2001

Sohn:

Prinz Stephan, * Dresden 30.9.1939, † Wilhelmsdorf 12.2.1993, Kfm.
∞ I. Wiesbaden 28.2.1964 Heide Schmidt, * Frankfurt a. M. 6.2.1939 (gesch. 1976)
∞ II. Kochel am See 19.6.1981 Hannelore Kerscher, * Passau 26.10.1952

5)   **Prinz Oskar von Preußen**
* Marmorpalais bei Potsdam 27.7.1888,
† München 27.1.1958, GenMajor z.V. a.D., Herrenmeister der Ballei Brandenburg d. JohO. ;
∞ Berlin 31.7.1914 Gräfin Ina Marie v. Bassewitz , * Bristow 27.1.1888,
† München 17.9.1973

Nach vielseitigen Studien in Bonn schlug er die militärische Laufbahn ein, erlebte den Beginn des Ersten Weltkriegs als Kommandeur der Liegnitzer Grenadiere und war am Ende des Krieges 1918 Oberst und Brigadekommandeur. Nach 1918 zog er nach Potsdam. Im Zweiten Weltkrieg kommandierte er als Oberst das Infanterieregiment 230 bis zum 1. März 1940 am Westwall. Am 1. März 1940 wurde er zum Generalmajor z.V. befördert und schied 1943 aus der Wehrmacht aus.

Dem Johanniterorden stand Prinz Oskar seit 1927 als Herrenmeister vor. Er steuerte ihn mit Tatkraft und Geschick durch das Dritte Reich und die Nachkriegszeit und gab ihm, warmherzig, weitblickend und unermüdlich, immer neue zeitgemäße Impulse. Sein lauterer, aufrechter Charakter und seine Hilfsbereitschaft wurde vielen zum Vorbild. Seine letzten Lebensjahre verbrachte er in Bonn. Er starb im Alter von 69 Jahren in München.

Kinder:

(1) **Prinz Oskar von Preußen**
* Potsdam 12.7.1915, x an der Widawka, Polen,
* 5.9.1939, stud. jur., Olt. d. R.

Als Jurastudent und Oberleutnant der Reserve im Traditionsregiment seines Vaters fiel er bereits in den ersten Tagen des Polenfeldzuges.

(2) **Prinz Burchard von Preußen**
* Potsdam 8.1.1917, † Hof bei Salzburg 12. 8.1988,
Vers. Dir.,Vorstandsmitgl. d. Münchner RückverGes., Major a. D.
∞ München 30.1.1961 Gräfin Eleonore Fugger von Babenhausen,
* Babenhausen 31.5.1925, † München 19.12.1992

(3) **Prinzessin Herzeleide von Preußen**
* Bistow 25.12.1918, † München 22.3.1989
∞ Potsdam 16.8.1938 Prinz Biron von Curland,
* Schloß Wartenberg 15.6.1907, † München 28.2.1982   (3 Kinder)

(4) **Prinz Wilhelm–Karl von Preußen**
* Potsdam 30.1.1922,
OLt. a. D. Geschäftsf. i.R., Protektor der Ballei Brandenburg d. JohO.
∞ Destedt bei Braunschweig 1.3.1952 Armgard v. Veltheim,
* Destedt 17.2.1926

Am Zweiten Weltkrieg nahm er, zuletzt als Oberleutnant, bis 1944 teil. Nach dem Krieg wurde er Geschäftsführer einer chemischen Fabrik. Das Ordenskapitel des Johanniterordens wählte ihn nach dem Tod seines Vaters zum Herrenmeister. 41 Jahre, vom Mai 1958 bis Herbst 1999, diente Prinz Wilhelm-Karl dem Orden, er herrschte nicht. Es waren für ihn Jahre voller Mühen, aber auch Freuden. Vorbildlich, richtungsweisend und integrierend führte er sein Amt. In diese Zeit fiel die Wiedervereinigung Deutschlands 1989, die für den Orden eine Fülle weiterer Aufgaben durch die Übernahme von Krankenhäusern, Alten- und Pflegeheimen mit sich brachte.

Kinder:
a. **Prinzessin Donata-Victoria**, * Bonn 24.12.1952, Redakteurin
b. **Prinz Wilhelm Karl**, M. A., * Bonn 26.8.1955, Immobilienkaufmann
c. **Prinz Oskar**, * Bonn 6.5.1959, Dr. phil. , Historiker,
Herrenmeister der Ballei Brandenburg d. JohO.
∞ Ahlden bei Hannover, 3.10.1992 Auguste Zimmermann von Siefart,
* Amsterdam 16.5.1962   (3 Kinder)

Prinz Oskar trat die Nachfolge seines Vaters im Amt des Herrenmeisters 1999 an. Zu den Kernaufgaben des Johanniter-Ordens zählt er Diakonie und Glaubensarbeit. Diese bilden aus seiner Sicht in Zukunft das Fundament des Ordens. Er macht es sich zur Aufgabe, Synergiepotentiale zwischen den Ordenswerken und ihren Einrichtungen ausfindig zu machen und für bestehende oder auch neue Organisationsformen zu nutzen.

6) **Prinz Joachim von Preußen**
* Berlin 17.12.1890, † Potsdam 18.7.1920,
Kgl. preuß. Rittmeister a. D.
∞ Schloß Bellevue bei Berlin 11.3.1916 Prinzessin Marie Auguste von Anhalt, * Ballenstedt 10.6.1898, † Essen 22.5.1983

Prinz Joachim nahm am Ersten Weltkrieg als Kavallerieoffizier teil. Das Unglück des Vaterlandes, die Abschaffung der Monarchie und das eigene Leiden belasteten ihn dermaßen, so daß er 1920 den Freitod wählte.

Sohn:

a. **Prinz Franz Joseph von Preußen**,
* Potsdam 15.12.1916, † Arica, Chile, 23.1.1975, Hptm. a.D.
∞ I. Berlin 1940 Prinzessin Henriette von Schoenaich-Carolath, (Stieftochter von Kaiser Wilhelm II.) * Berlin 25.11.1918, † Neuendettelsau 16.3.1972 (gesch. Berlin 5.9.1946)
∞ II. Hamburg 9.11.1946 Luise Hartmann,
* Hamburg 5.9.1909, † ebd. 23.4.1961 (gesch. 1959)
∞ III. Lima, Peru, 20.7.1959 Eva Maria Herrera Valdeavellano,
* Pisco, Peru, 10.6.1922, † Lima 1.3.1987

Kinder erster Ehe:
a. **Prinz Franz Wilhelm**, * Grünberg, Schlesien 3.9.1943, Kaufm.
∞ Dinard, Frankr. 4.9.1976 Großfürstin Maria Wladimirowna von Rußland, * Madrid 3.12.1953
(gesch. Madrid 15.12.1986)

Sohn:

Prinz Georg , * Madrid 13.3.1981
(russ.orth.), führt den Namen „Romanow"

b. **Prinz Franz Friedrich**, * Grünberg, Schlesien, 17.10.1944,
Kaufm., Immobilienmakler
∞ I. Neuwied 23.10.1970 Gudrun Winkler,
* Ischenrode 29.1.1949, Arzthelferin
(gesch. Hamburg 20.08.1996)
∞ II. Wittstovk 4.19.1998 Susann Gerske,
*Pritzwalk 12.1.1964, Pianistin

7) Prinzessin Viktoria Luise von Preußen

* Marmorpalais bei Potsdam 13.9.1892, † Braunschweig 11.12.1980
∞ Berlin 24.5.1913 Herzog Ernst August zu Braunschweig und Lüneburg,
* Penzing bei Wien 17.11.1887, † Schloß Marienburg bei Nordstemmen
30.1.1953

Prinzessin Viktoria Luise war die einzige Tochter Kaiser Wilhelms II. Ihre Liebesheirat mit Herzog Ernst-August zu Braunschweig 1913 beendete die 1866 entstandene Gegnerschaft zwischen Welfen und Hohenzollern. Preußen hatte damals Hannover annektiert. Ihr Ehemann konnte nach der Verzichtserklärung seines Vaters die Regierung des Herzogtums Braunschweig antreten. Zu ihrer Hochzeit in Berlin kamen Zar Nikolaus II. und König Georg von England. Es war die letzte glanzvolle „Friedensgala" der europäischen Fürstenhäuser am Vorabend des Ersten Weltkriegs.

Herzogin Viktoria Luise, die an der Seite der Kaiserin schon sehr früh mit Repräsentationsaufgaben vertraut gemacht worden war, entfaltete auch nach dem Ende der Monarchie 1918 eine rege Hilfs- u. Fürsorgetätigkeit auf allen Gebieten, im besonderen Maße nach 1945 als Protektorin der Niedersächsischen Kinderfreiplatzspende. Viel Beachtung fand sie als Buchautorin: In sieben Büchern und Bildbänden hat sie ihren Lesern in einfühlsamen Worten über ihre Eltern, Geschwister, Verwandte, große Persönlichkeiten ihrer Zeit und über den Kaiserhof berichtet. Allerdings fehlte ihr oft die kritische Distanz zu den politischen Ereignissen in der Kaiserzeit. Sie starb im Alter von 88 Jahren 1980. Eine kaum überschaubare Menschenmenge nahm Abschied von der letzten Kaisertochter. Sie fand ihre Ruhestätte an der Seite ihres Ehemannes im Berggarten vor dem Mausoleum in Hannover-Herrenhausen. Aus ihrer Ehe mit Herzog Ernst August stammen vier Söhne und eine Tochter.

Kaiserin Auguste
Victoria mit ihrer Tochter Prinzessin Viktoria Luise

Ernst August (1914-1987), Dr. jur., im Zweiten Weltkrieg wurde als Kavallerieoffizier schwer verwundet. Er war mit Prinzessin Ortrud zu Schleswig-Holstein (gest. 1980) verheiratet und hatte sechs Kinder. Eine zweite Ehe hatte er mit Gräfin Monika zu Solms-Laubach geschlossen. Sein ältester Sohn **Ernst August** (*1954) ist Chef des Hauses.

Prinzessin Viktoria Luises Tochter **Friederike** (1917-1981) heiratete 1938 den damaligen **Kronprinzen Paul von Griechenland,** der als König von Griechenland 1947 bis 1964 regierte. Ihrer Ausdauer im Exil während der deutschen Besetzung Griechenlands im Krieg, ihrem Mut bei der Bekämpfung des Kommunismus nach dem Zweiten Weltkrieg und ihrer Tatkraft beim Wiederaufbau des Landes verdankt Griechenland viel. Sie hatten drei Kinder, zwei Töchter und **Sohn Konstantin II.,** bis 1973 König von Griechenland. Ihre Tochter Sophie ist mit dem **spanischen König Juan Carlos** verheiratet.

Herzogin Viktoria Luise
mit ihrem Mann und den fünf Kindern

Die Seitenlinien des Hauses Preußen

I. Ast

Kaiser Friedrich III. hatte außer seinem Sohn Kaiser Wilhelm II. noch die Söhne **Heinrich, Sigismund** und **Waldemar.** Die beiden letztgenannten Prinzen starben im Kindesalter. Von den vier Töchtern Kaiser Friedrichs III. heiratete **Charlotte** (**1860 bis 1919**) Herzog Bernhard von Sachsen-Meiningen, **Viktoria (1866 bis 1929**) Prinz Adolf zu Schaumburg-Lippe, **Sophie (1870 bis 1932**) König Konstantin I. von Griechenland, **Margarete (1872 bis 1954**) Landgraf Friedrich Karl von Hessen.

> **Prinz Heinrich von Preußen,**
> * Neues Palais bei Potsdam 14.8.1862,
> † Hemmelmark bei Eckernförde, Schleswig, 20.4.1929, Kais. Deutscher Großadmiral, Dr.Ing. e. h., Dr. phil. h. c.
> ∞ Charlottenburg 24.5.1888 Irene Prinzessin von Hessen und bei Rhein,
> * Darmstadt 11.7.1866, † Hemmelmark 11.11.1953

In der erwählten Laufbahn des Seeoffiziers wurde er 1897 als Konteradmiral Chef des Geschwaders, das zum Schutz der bedrohten deutschen Missionsstationen nach China entsandt wurde. Bald darauf (bis 1900) stand er als Befehlshaber dem ostasiatischen Kreuzergeschwader vor. Aller Missionen an fremde Höfe entledigte er sich mit größtem Takt. Seine Reise in die Vereinigten Staaten 1902 wurde dank seiner aufrichtigen, natürlichen Art zu einem großen Erfolg. Eine Zeitlang fungierte er als Chef der Hochseeflotte, später war er Generalinspekteur der Marine und Großadmiral. Als Oberbefehlshaber der Seestreitkräfte in der Ostsee sicherte er im Ersten Weltkrieg den freien Verkehr mit Skandinavien und deckte die Landunternehmungen in Kurland, Livland und Finnland.

Prinz Heinrich war ein großer Förderer des Sports und nahm an zahlreichen Autorennen und Segelregatten aktiv teil. Als das Flugwesen aufkam, erwarb er den Pilotenschein und unternahm wiederholt Überlandflüge.

> Söhne:

> a. **Prinz Waldemar**
> * Kiel 20.3.1889, † Tutzing/Obb. 2.5.1945
> ∞ Hemmelmark 14.8.1919 Prinzessin Calixta zur Lippe,
> * Potsdam 14.10.1895, † Erbach/Rheingau 15.12.1982

Er war 1914 Regierungs-Referendar, wurde Kommandeur des Kraftfahrkorps, gehörte der Armee als Major und der Marine als Korvettenkapitän an.

> b. **Prinz Sigismund von Preußen**
> * Kiel 27.11.1896, † Puntarenas, Costa Rica, 14.11.1978, Plantagenbes. in Costra Rica, Kais. dtsch. Lt. z.S. a. D.
> ∞ Hemmelmark 11.7.1919 Prinzessin Charlotte Agnes von Sachsen-Altenburg, Herzogin zu Sachsen, * Potsdam 4.3.1899,
> † Hemmelmark 16.2.1989

Er trat als 18jähriger Kriegsfreiwilliger im September 1914 in die Marine ein und war bei Ende des Ersten Weltkrieges Leutnant zur See. Später arbeitete er in der Landwirtschaft und in einem kaufmännischen Überseebetrieb in Hamburg. Im Herbst 1922 wanderte er nach Guatemala aus, war dort auf Kaffeepflanzungen tätig und erwarb später einen landwirtschaftlichen Betrieb in Costa Rica.

Kinder:

a) **Prinzessin Barbara von Preußen**
   * Hemmelmark 2.8.1920, † ebd. 31.5.1994,
   Adoptivtochter (Vertrag Eckernförde 17.9.1952, amtsgerichtl. bestät. ebd.
   23.1.1953) ihrer Großmutter Irene Prinzessin Heinrich von Preußen,
   Prinzessin von Hessen u. bei Rhein
   ∞ Glücksburg 5.7.1954 Herzog Christian Ludwig zu Mecklenburg,
   * Ludwigslust 29.9.1912, † Eckernförde 18.7.1996

b) **Prinz Alfred von Preußen**
   * Finca Santa Sofia, Guatemala 17.8.1924,
   ∞ Southampton, USA 15.12.1984
   Maritza Farkas de Zaladörgicse et Kiskapornok,
   * Gombaszög, Slowakei 6.8.1929, † New York 1.11.1996

II. Ast

Stammvater dieses Astes ist **Prinz Karl von Preußen (1801-1883)**, ein jüngerer Sohn König Friedrich Wilhelms III. und der Königin Luise.

Prinz Karl von Preußen
   * Charlottenburg 29.6.1801, † Berlin 21.1.1883
   Kgl. preuß. GenFeldzeugmeister, Kais. Russ. GenFeldmarschall,
   Herrenmeister des JohO.
   ∞ Charlottenburg 26.5.1827 Prinzessin Marie von Sachsen-Weimar-
   Eisenach,
   * Weimar 3.2.1808, † Berlin 18.1.1877

Sohn:

Prinz Friedrich Karl von Preußen
   * Berlin 20.3.1828, † Jagdschloß Klein-Glienicke bei Potsdam 15.6.1885,
   Kgl. preuß. GenFeldmarschall, Kais. Russ. Feldmarschall
   ∞ Berlin 29.11.1854 Prinzessin Maria Anna von Anhalt,
   * Dessau 14.9.1837, † Friedrichsroda, Thür. 12.5.1906

Er war der bekannte Feldherr der Einigungskriege, der 1864 die Düppeler Schanzen erstürmte, 1866 bei Königsgrätz dem österreichischen Angriff standhielt, bis der Kronprinz auf dem Schlachtfeld erschien. Im deutsch-französischen Krieg 1870/71 zwang er im Herbst 1870 mit seinen Truppen die französische Festung Metz und die Armee Bazaine zur Kapitulation. Prinz Friedrich Karl erhielt für diese kriegsentscheidenden Taten den Marschallstab. Zuletzt war er Inspekteur der Kavallerie.

Sohn:

Prinz Friedrich Leopold von Preußen
* Berlin 14.11.1865,
† Flatow, Westpr., 13.9.1931, Kgl. preuß. GenOberst a. D.
∞ Berlin 24.6.1889 Prinzessin Luise Sophie zu Schleswig-Holstein
(Schwester der Kaiserin Auguste Viktoria),
* Kiel 8.4.1866, † Bad Nauheim 28.4.1952

Kinder:

1. **Prinzessin Viktoria Margarete von Preußen**
   * Potsdam 17.4.1890, † Klein-Glienicke 9.9.1923
   ∞ Potsdam 17.5.1913 Prinz Heinrich Reuß XXXIII., Dr. phil. ,
   Kaiserl. Deutsch. Botschaftssekretär a. D. , * Mauer b. Wien
   26.7.1879, † Stronsdorf 15.11.1942 (gesch. 1922)   (2 Kinder)

2. **Prinz Friedrich Sigismund von Preußen**
   * Klein-Glienicke 17.12.1891,
   † (durch Sturz mit dem Pferd) Luzern 6.7.1927
   ∞ Klein-Glienicke 27.4.1916 Prinzessin Marie Luise zu
   Schaumburg-Lippe, * Ödenburg, Ungarn, 10.2.1897,
   † Neu-Fahrland bei Potsdam 1.10.1938

Er diente als Rittmeister bei den 2. Danziger Leibhusaren und wechselte dann während des Ersten Weltkrieges in die im Aufbau befindliche Fliegertruppe. Er war der sportbegeisterten Jugend ein Vorbild und trat auch als Leichtathlet und Hockeyspieler hervor. Nach dem Krieg wurde er zu einem vorzüglichen und unerschrockenen Reiter, der auf allen Renn- und Turnierveranstaltungen zu finden war. Am 4. Juli 1927, einen Tag nachdem er die Internationale Military in Luzern gegen die gesamte Elite gewonnen hatte, stürzte er mit seinem Pferd und erlitt innere Verletzungen, die zum Tod führten.

Kinder:

a) **Prinzessin Luise von Preußen**
   * Klein-Glienicke 23.8.1917,
   führt wieder den Geburtsnamen
   ∞ Potsdam 12.9.1942 Hans Reinhold, * Berlin-Charlottenburg
   20.11.1917, OLt. a. D. (gesch. Hamm 2.6.1949)   (1 Sohn)

b) **Prinz Friedrich Karl von Preußen**
* Klein-Glienicke 13.3.1919, Oblt. d.R. , DiplForstwirt
∞ I. Berlin 13.12.1961 Lady Hermione Stuart,
* Johannesburg, Südafrika, 2.3.1925,† (durch Sturz mit dem
Pferd) Findhorn Bridge, Schottland, 2.9.1969
∞ II. Rottach-Egern 11.2.1974
Adelheid von Bockum gen. Dolffs, * Soest 16.9.1943
(gesch. München 7.3.1978)

Er war während des Zweiten Weltkrieges Oberleutnant der Reserve in einem Panzer-Regiment und schloss 1947 sein Studium als Diplom-Forstwirt ab. Danach beschäftigte er sich mit Verwaltungs- u. Organisationsfragen.

3. **Prinz Friedrich Karl von Preußen**
* Klein-Glienicke 6.4.1893,
† (an der als Flieger im Luftkampf zugefügten Verwundung)
Rouen 6.4.1917

4. **Prinz Friedrich Leopold von Preußen**
* Klein-Glienicke
27.8.1895, † Lugano 27.11.1959

III. Ast

Dieser Ast, dessen Stammvater **Prinz Albrecht von Preußen (1809 bis 1872)** der jüngste Sohn König Friedrich Wilhelms III und der Königin Luise war, **ist im Mannesstamm erloschen.**

Der älteste Sohn, **Prinz Albrecht von Preußen (1847 bis 1906)**, Generalfeldmarschall und Herrenmeister des Johanniterordens, wurde 1895 Regent des Herzogtums Braunschweig. Dessen Sohn war Prinz **Friedrich Wilhelm von Preußen (1880 bis 1925)**. Aus seiner Ehe mit **Prinzessin Agathe von Ratibor und Corvey, Prinzessin zu Hohenlohe-Schillingsfürst,** gingen vier Töchter hervor.

Die Fürsten von Hohenzollern-Sigmaringen seit 1800

Anton Alois (1762 - 1831)
verm. mit Amalie Prinzessin von Salm-Kyrburg (1760 - 1841)

Karl (1785 - 1853)
verm. I. mit Antoinette Prinzessin von Murat (1792 - 1847)
verm. II. mit Katharina Prinzessin von Hohenlohe-Waldenburg-Schillingsfürst (1817 - 1893)

Karoline (1810 - 1885)

Karl Anton (1811 - 1885)
verm. mit Josephine
Prinzessin von Baden (1813 - 1900)

Amalie (1815 - 1841)

Friderike (1820 - 1906)

Stephanie (1837 - 1859)

Karl (1839 - 1914)

Anton (1841 - 1866)

Friedrich (1843 - 1904)

Marie (1845 - 1912)

Leopold (1835 - 1905)
verm. mit Antonia
Infantin von Portugal (1845 - 1913)

Ferdinand (1865 - 1927)

Karl (1868 - 1919)

Wilhelm (1864 - 1927)
verm. I. mit Maria-Theresia Prinzessin von Bourbon-Sizilien (1867 - 1909)
verm. II. mit Adelgunde Prinzessin von Bayern (1870 - 1958)

Auguste Viktoria (1890 - 1966)

Friedrich (1891 - 1965)
verm. mit Margarethe Prinzessin von Sachsen (1900 - 1962)

Franz Joseph (1891 - 1964)

Maria Antonia (geb. 1921)

Maria Adelgunde (geb. 1921)

Maria Theresia (geb. 1922)

Friedrich Wilhelm (geb. 1924)
verm. mit Margarita
Prinzessin zu Leiningen
(1932 - 1996)

Franz Joseph (1926 - 1996)

Johann Georg (geb. 1932)

Ferfried (geb. 1943)

Erbprinz **Karl Friedrich** (geb. 1952)
verm. mit Alexandra Schenk Gräfin von Stauffenberg (geb. 1960)

Albrecht (geb. 1954)

Ferdinand (geb. 1960)

Prinz **Alexander** (geb. 1987)

Philippa (geb. 1988)

Flaminia (geb. 1992)

Antonia (geb. 1995)

Schloß Sigmaringen

Das Schloß der Fürsten von Hohenzollern ist auf einem langgestreckten Weißjurafelsen über der Donau errichtet. In der Chronik des Klosters Petershausen wird die mittelalterliche Burg von Sigmaringen zum ersten Mal 1077 erwähnt. Sie erlebte im Laufe der Jahrhunderte eine wechselvolle Geschichte: so manche Geschlechter, darunter die Habsburger, die Württemberger und die Werdenberger hatten sie in ihrem Besitz, ehe sie 1535 an die Grafen und seit 1623 Fürsten von Hohenzollern fiel. Diese nahmen zahlreiche Erweiterungsbauten vor. Eine umfassende Neugestaltung erfuhr das Schloß nach dem großen Brand am 8. April 1893, der große Teile der Anlage zerstörte. Unter der Leitung von Hofbaurat Johannes de Pay und später unter dem Architekten Emanuel von Seidl wurde das Schloß in noch größerem Umfang wiederaufgebaut. Es wurde im Stil des Eklektizismus umgestaltet, der dem Bau in Nachahmung früherer Stilepochen wie Romanik, Gotik und Renaissance historisierende Formen verlieh.

Schloß Sigmaringen
Westansicht mit Hauptportal

Beim Gang durch das Schloß erhält der Besucher einen Eindruck von ehemals herr-schaftlicher Residenz- und Wohnkultur. In dem Schloß befinden sich Sammlungen von überregionaler Bedeutung. In der Waffenhalle mit spätgotischem Kreuzgewölbe sind Hieb- und Stichwaffen aus dem 14. bis 20. Jahrhundert, Ritterrüstungen aus dem 15., 16. und 17. Jahrhundert sowie Schusswaffen von der Armbrust bis zum modernen Repetiergewehr zu sehen. Die vor- und frühgeschichtliche Abteilung bie-tet Zeugnisse von der Steinzeit bis zur Alemannenzeit (10.000 v. Chr. bis 700 n. Chr.). In dem von Fürst Karl Anton 1867 erbauten sogenannten Museum sind Werke schwäbischer Maler, Bildhauer und Kunstschmiede aus dem 15. und 16. Jahrhundert zu sehen.

Im Marstallmuseum stehen zahlreiche Exponate höfischer Fahrkultur: Jagd-, Reise- und Galawagen, Schlitten und Sänften aus dem 18. bis 20. Jahrhundert.

Die fürstliche Linie in Hohenzollern

Als 1192 Friedrich I. Graf zu Zollern durch Heirat die Burggrafschaft Nürnberg übernahm, behielt er die schwäbischen Lande in seiner Hand und auch seine Söhne regierten vorerst gemeinsam. Später aber kam es zur Teilung: Konrad blieb in Nürnberg, Friedrich nahm seinen Sitz auf der Stammburg Zollern. 1443, zu der Zeit da die fränkische Linie in Brandenburg bereits festen Fuß gefaßt hatte, vereinte Jost Niklas I. alle schwäbischen Besitzungen wieder in einer Hand. Sein Sohn Eitel Friedrich II., im Schweizerkrieg 1499 ein Gefolgsmann Kaiser Maximilians I. (1493 bis 1519), wurde von ihm zum Reichserbkämmerer ernannt. Gegen die Grafschaft Räzünz (Schweiz) tauschte er die Herrschaft Haigerloch, alten zollerischen Besitz, ein. Die Erbverbrüderung betonte den Gedanken des Gesamthauses, die er 1488 auf der Burg Hohenzollern mit Brandenburg abschloß.

Sein Vetter Graf Karl I. erhielt 1535 von König Ferdinand I., dem Bruder Karls V., die Grafschaften Sigmaringen und Veringen als Lehen. Karl, am Kaiserhof aufgewachsen und mit der Politik von früh auf vertraut, besaß als Kaiserlicher Rat, Präsident des Reichshofrates und Reichserbkämmerer großen Einfluß. Er vereinte zum ersten Mal den gesamten hohenzollernschen Besitz in seiner Hand, da sein Vetter Jost Niklas II. in Hechingen kinderlos verstorben war. Im Hohenzollernschen Erbvertrag von 1576 wurde der Besitz aber bereits wieder unter seinen drei Söhnen Eitel Friedrich IV., Karl II. und Christoph aufgeteilt. So entstanden die drei Linien der schwäbischen Hohenzollern:

- Hohenzollern-Hechingen,
- Hohenzollern-Sigmaringen
- Hohenzollern-Haigerloch.

Der älteste übernahm jeweils die Ausübung des Erbkämmereramtes. Alle Grafen von Hohenzollern sollten folgenden Titel führen: „Grafen zu Hohenzollern, Sigmaringen, Veringen, Herren zu Haigerloch und Wehrstein, des Heiligen Römischen Reiches Erbkämmerer."

Sie alle verblieben im katholischen Glauben, was für ihre Stellung im Reich bedeutsam wurde. Im Dreißigjährigen Krieg (1618 bis 1648) stellten sich die Fürsten von Hohenzollern auf die Seite des Kaisers und der katholischen Liga.

Die Hechinger Linie hat dem Kaiser bedeutende Helfer geschenkt, so u. a. Graf Johann Georg (1605 bis 1623), der in schwierigen Zeiten Präsident des Reichskammergerichts und des Reichshofrats war und für seine Person die Reichsfürstenwürde erhielt. Ein anderes Mitglied der Hechinger Linie, Friedrich Wilhelm († 1735) stieg zum Reichsfeldmarschall auf und erlangte 1692 von Kaiser Leopold I. den Reichsfürstenstand für das ganze Haus. Auf sein Betreiben wurde 1695 ein Familienabkommen geschlossen, wonach auch die schwäbischen Hohenzollern wieder Titel und Wappen der Nürnberger Burggrafen führten.

Die Hechinger Linie starb am 3. September 1869 aus.

Die Sigmaringer Linie, deren Stammvater Karl II. (1576 bis 1606), war, konnte den kleinen Besitz im Laufe der Zeit erheblich vermehren. Karl II. war ein hochgebildeter Mann, dessen politische Erfahrung von den Kaisern Maximilian II. (1564-1576) und Rudolf II. (1576-1612) vielfach zu Gesandtschaften genutzt wurde. Sein Sohn **Johann** (1606 bis 1638) war als Obristhofmeister beim Kurfürsten Maximilian I. von Bayern (1623 von 1651), dem Haupt der katholischen Liga, tätig. Johanns diplomatisches Geschick im Einsatz für die katholische Liga wurde 1623 von Kaiser Ferdinand II. auf dem Reichstag zu Regensburg mit der Erhebung in den Reichsfürstenstand belohnt. Seine politische Parteinahme mußten die Schlösser Sigmaringen und Veringen während des Dreißigjährigen Krieges (1618 bis 1648) büßen, als die Schweden 1632 bis an die obere Donau vorstießen. Doch blieb sonst das Land verschont und Johann selbst begann mit dem Wiederaufbau. Sigmaringen erhielt eine neue Stadtordnung, der Gottesdienst wurde nach landesherrlicher Weisung genau geregelt.

Die Sigmaringer Linie besteht bis heute.

Die Haigerlocher Linie bestand lediglich 58 Jahre. Sie erlosch 1634 und der Besitz fiel an den älteren **Fürsten Johann.** Der letzte Abschnitt des Dreißigjährigen Krieges brachte auch über diesen Landstrich bittere Not. **Fürst Meinrad I.** (1638 bis 1681) behob die Schäden am Schloß und widmete sich energisch dem Wiederaufbau des Landes. Er war der Vertreter jenes vorbildlichen deutschen Fürstentyps, dessen Leistung den raschen Aufstieg einer blühenden Barockkultur aus dem völligen Niedergang ermöglicht hat. Durch die Heirat von **Fürst Maximilian I.** (1681 bis 1689) mit Gräfin Maria Klara von Bergh und Boxmeer, kamen reiche Besitzungen in den Niederlanden an das fürstliche Haus. Sein Sohn, **Fürst Meinrad II.** (1689 bis 1715) kämpfte als General in kaiserlichen Diensten in den Niederlanden, Bayern und Ungarn. Auf seine Initiative erfolgte die Gründung der Eisenschmelze – Hüttenwerk Laucherthal – im Jahre 1708.

1695 schloss Fürst Meinrad II. – zusammen mit dem Fürsten von Hechingen – die „Erbeinigung" mit dem Kurfürsten und späteren König Friedrich I. von Preußen. **Fürst Josef** (1715 bis 1769) in Wien erzogen, war durch hohe Ämter ebenso wie durch künstlerische Neigungen stets der österreichisch-bayerischen Welt verbunden geblieben. Er gab seine militärische Laufbahn zu Beginn des Siebenjährigen Krieges (1756 bis 1763) auf, da er in seiner Eigenschaft als Generalfeldmarschall des schwäbischen Kreises gegen seinen brandenburgischen Vetter hätte kämpfen müssen. Er widmete sich fortan ganz der Regierung seines Landes und ließ von namhaften Künstlern im ganzen Land viele Bauten und Anlagen errichten. Sein Sohn und Nachfolger **Fürst Karl Friedrich** (1769 bis 1785), ein Musikfreund und -förderer, baute das Straßennetz aus.

Fürst Anton Aloys (1785 bis 1831) war mit der Prinzessin Amalie Zephyrine zu Salm-Kyrburg verheiratet, die mit der Kaiserin Josephine, der ersten Frau von Napoleon I., befreundet war. Wohl diese Freundschaft hat die beiden Fürstentümer Hohenzollern-Hechingen und Hohenzollern-Sigmaringen während der napoleonischen Eroberungsfeldzüge davor bewahrt, von der Landkarte gestrichen zu werden und erhielt ihnen ihre Selbständigkeit. Es war ein Glück für das Land, daß es dieser kluge und realitätsbewußte Regent durch die Stürme der napoleonischen Zeit steuerte. Durch den Reichsdeputationshauptschluß von 1803 wurde Fürst Anton für den Verlust der niederländischen Besitzungen mit dem Kloster Beuron, der Herrschaft Glatt und dem Kloster Inzigkofen entschädigt. Mit dem Beitritt zum Rheinbund 1806 erhielten die Fürsten von Hohenzollern die volle Souveränität. Das Land litt schwer unter Truppendurchzügen und Truppengestellung. Der Fürst wandte nach 1815 seine ganze Kraft darauf, das Land wieder aufzubauen. Er widmete sich vor allem dem Bildungs – und Gesundheitswesen. Mit der Gründung eines Hoftheaters gab er 1827 Oberschwaben einen kulturellen Mittelpunkt. Er brachte auch das neue Familienstatut (1821) zustande, das wiederum die Zusammengehörigkeit aller Hohenzollern unterstrich: der König von Preußen wurde als Haupt des Gesamthauses und (ohne Gegenseitigkeit) als Erbe beim Erlöschen beider Linien anerkannt.

Sein Nachfolger **Karl (1831 bis 1848)**, war ein aufgeklärter Fürst, der die Zeichen seiner Zeit sehr wohl verstand. Davon zeugen die 1831 für seinen Sohn niedergeschriebenen „Ansichten und Anleitungen über das Leben, mit besonderer Berücksichtigung auf Stand und Beruf", ein moderner Fürstenspiegel, beherrscht von der Erwägung: „Der Fürst stiftet sich vermöge seiner höheren Stellung ein öffentliches Denkmal der Ehre oder Schande, je nachdem er gelebt hat." Selbst ein exzellenter Verwaltungsfachmann, hatte Karl eine glückliche Hand in der Auswahl seiner politischen und wirtschaftlichen Berater. Maßvoller Fortschritt wurde das Kennzeichen seiner Amtsführung. Mit der Verfassung von 1833 suchte er den Übergang von der patriarchalischen zur konstitutionellen Regierungsweise herzustellen. Er tat viel zur Errichtung von gemeinnützigen Einrichtungen. Aber die Revolution von 1848, die gerade in diesem Teil Deutschlands radikale Züge zeigte, wandte sich entschieden gegen seine Regierungsausübung, obwohl er noch durch Aufhebung der Leibeigenschaft und der sonstigen Grundlasten der Revolution ihre Schärfe zu nehmen suchte. Er übergab am 29.August 1848 die Regierung seinem Sohn Karl. Fürst Karl starb 1853 in Bologna.

Fürst Karl Anton (1811 bis 1885), ein Sohn von Fürst Karl, hat das Land nur ein Jahr regiert. Für die Einigung Deutschlands, sagte er in der Abschiedsansprache an seine Landeskinder, dürfe kein Opfer zu groß sein. Um diese zu fördern, verzichtete er gleichzeitig mit Fürst Friedrich Wilhelm Konstantin von Hohenzollern-Hechingen durch Abtretungsvertrag vom 7. Dezember 1849 auf die Souveränität zugunsten der Krone Preußens. Durch Gesetz vom 12. März 1850 wurde die preußische Verfassung eingeführt; mit der Erbhuldigung am 23. August 1851 auf Burg Hohenzollern fasste der norddeutsche Zweig des Hauses wieder Fuß in Süddeutschland. Der Fürst erhielt für sich und seine Nachkommen die Rechte eines nachgeborenen Prinzen des königlichen Hauses. Nach dem Aussterben der Hechinger Linie 1869 nahm er den vereinfachten Titel „Fürst von Hohenzollern" an. Er hatte in Tübingen, Göttingen, Berlin und Genf studiert und Freundschaft mit dem späteren Kaiser Wilhelm I. und dessen Frau geschlossen. Nach der Abtretung trat er in preußische Dienste. Schon bald darauf wurde er zum Divisionskommandeur in Düsseldorf ernannt. Dem Süddeutschen fiel es leicht, sich in die rheinische Mentalität einzuleben; dabei wurde er tatkräftig von seiner Ehefrau Josephine, einer badischen Prinzessin, unterstützt. Schloß Jägerhof in Düsseldorf wurde bald ein gastlicher Mittelpunkt vieler Künstler und aufstrebender Talente; die Künstlervereinigung „Malkasten", deren Ehrenmitglied der Fürst war, gab und empfing Anregungen. Noch heute bewahren der Düsseldorfer Künstlerkreis und die Schützengilden freundschaftliche Beziehungen zum Fürstlichen

Hause. Dazwischen lagen fesselnde militärische, heikle diplomatische und erfreuliche Missionen an fremden Höfen.

Als Prinz Wilhelm im November 1858 in Berlin für den erkrankten König Friedrich Wilhelm IV. die Regentschaft übernahm und sein erstes Ministerium mit dem Ziel liberaler Reformen in Deutschland bildete, übertrug er 1858 Karl Anton den Vorsitz. Dieser bemühte sich redlich, dieses Amt demokratisch und verantwortungsbewußt zu führen, wurde dann aber 1862 von Bismarck abgelöst, dessen Berufung er lebhaft begrüßte. In späteren Jahren ging er nicht mit allen Maßnahmen von Bismarck konform. Von 1863 bis 1871 übernahm er den Posten des Militärgouverneurs von Rheinland und Westfalen.

1858 vermählte sich seine Tochter Stephanie mit Don Pedro V., König von Portugal; sie starb unerwartet ein Jahr nach der Hochzeit.

Während die deutsche Einheit im Innern voranschritt, rückten seine beiden älteren Söhne plötzlich in den Brennpunkt der europäischen Geschichte. Der eine, **Karl**, gewann mit Unterstützung des französischen Kaisers Napoleons III. den rumänischen Thron. Er wurde am 20. April 1866 zum **Fürsten von Rumänien** erwählt und am 26. März 1881 zum **König von Rumänien** proklamiert. Der zweite Sohn, **Fürst Leopold** (1885 bis1905), hatte von den spanischen Cortes 1869 die spanische Königskrone angetragen bekommen. Als das vorzeitige Bekanntwerden der Kandidatur in Frankreich einen Sturm der Entrüstung hervorrief, verzichtete Fürst Leopold auf die Kandidatur, um den Frieden mit Frankreich zu retten, der dann doch noch an den nachträglichen französischen Forderungen scheiterte. Es kam zum deutsch-französischen Krieg von 1870/71.

An diesem Krieg gegen Frankreich nahm der Vater, Fürst Karl Anton, aufgrund einer fortschreitenden Lähmung des einen Beines nicht mehr teil. 1871 nahm er seinen Abschied und kehrte nach Sigmaringen zurück. Er richtete viele wohltätige Stiftungen ein und auf ihn geht das 1867 gegründete Museum im Schloß Sigmaringen zurück. Seine goldene Hochzeit, am 21.Oktober 1884, an der auch Kaiser Wilhelm I. teilnahm, feierte er unter großer Anteilnahme der Bevölkerung.

Auch von Sigmaringen aus verfolgte er aufmerksam die Politik im Deutschen Kaiserreich. Als treuen Katholiken erfüllte es ihn mit tiefem Schmerz, daß der Kulturkampf zu einem verhängnisvollen Zwiespalt in der Innenpolitik führte; er verurteilte auf beiden Seiten die unbotmäßige Kampfleidenschaft und suchte, wo immer er nur konnte, zu vermitteln; er legte zum Beispiel für das aufgehobene Kloster Beuron Fürsprache ein.

In Rumänien festigte sein **Sohn Karl (1839 bis 1914)** seine Stellung. Er reorganisierte das Heer nach preußischem Muster und erkämpfte im Balkankrieg 1877/78 die volle Unabhängigkeit von der Türkei. **Karl** nahm 1881 den **Königstitel** an und schloß sein Land außenpolitisch eng an die Mittelmächte. 1914 scheiterte sein Versuch, an der Seite Deutschlands in den Krieg einzutreten. Da seiner Ehe mit Elisabeth Prinzessin zu Wied (1843 bis 1916), als Dichterin unter dem Namen Carmen Sylva bekannt, nur eine Tochter entsprang, die früh starb, wurde sein Neffe **Ferdinand (1865 bis1927)** sein Nachfolger. Er war seit 1866 bereits rumänischer Thronfolger und der zweite Sohn seines Bruders Leopold. Ferdinand wurde 1922 in Karlsburg (Sieben-bürgen) zum König aller Rumänen gekrönt.

Leopold Fürst von Hohenzollern
* Krauchenwies 22.9.1835, † Berlin 8.6.1905, Kgl. preuß. GenOberst
∞ Lissabon 12.9.1861 Antonia Infantin von Portugal, * Lissabon 17.2.1845,
† Sigmaringen 17.12.1913

Fürst Leopold, dem 1870 eine so weittragende geschichtliche Rolle zugefallen war, trat später politisch nicht mehr hervor. Fromm, gütig und volksverbunden war er ein großer Förderer der Künste. Die Sammlungen seines Vaters pflegte und mehrte er eifrig .In seine Zeit fällt der Brand des Schlosses. Ihm ist der Neubau des Schlosses zu verdanken. 1891 erhielt er das Prädikat „Königliche Hoheit". Seit 1893 war er Kom-mandierender General.

Wilhelm Fürst von Hohenzollern
* Benrath 7.3.1864, † Sigmaringen 22.10.1927,
∞ I. Sigmaringen 27.6.1889 Prinzessin Maria Theresia von Bourbon-Sizilien,
* Zürich 15.1.1867, † Cannes 1.3.1909
∞ II. München 20.1.1915 Prinzessin Adelgunde von Bayern,
*Villa Amsee bei Lindau 17.10.1870, † Sigmaringen 4.1.1958

Seine ersten Jugendjahre und seine Schul – und Universitätszeit verlebte er am Rhein. Nach dem Studium trat er als Leutnant in das 2. Garderegiment zu Fuß ein. Als des-sen Kommandeur hielt er sich viel in Potsdam auf. Er nahm 1907 als Generalleut-nant und Brigadekommandeur seinen Abschied und kehrte nach Sigmaringen zu-rück. Die ihm angetragene Nachfolge seines Onkels in Rumänien lehnte er ab, so daß sie seinem jüngeren Bruder Ferdinand zufiel.

Er trug schwer am Ausgang des Ersten Weltkrieges. Die Erhaltung des Familienbesit-zes nach 1918 stellte ihn oft vor schwierige Aufgaben, die er geschickt meisterte. Von einer großen Liebe zur Natur erfüllt, erließ er schon damals eine Reihe von Verord-nungen, in der er die Erhaltung der heimischen Tier- und Pflanzenwelt seinen Beam-ten zur Pflicht machte. Auf seinen Besitzungen legte er bereits mehrere Naturschutz-gebiete an. Aber auch für Architektur und Städtebau zeigte Wilhelm großes Interesse und setzte sich auf diesem Gebiet für den Erhalt und Schutz gefährdeter Bauten ein.

Kinder erster Ehe:

1) **Friedrich Fürst von Hohenzollern,** * Heiligendamm, Meckl. 30.8.1891,
   † Krauchenwies 6.2.1965, Kgl. preuß. Hptm. a. D.
   ∞ Sibyllenort 2.6.1920 Prinzessin Margarete von Sachsen, Herzogin zu
   Sachsen, * Dresden 24.1.1900, † Freiburg i. Br. 16.10.1962

Er besuchte ab 1902 die Rheinische Ritterakademie Bedburg, an der er 1910 die Rei-feprüfung ablegte. 1907 erfolgte die Ernennung zum Leutnant à la suite. Von 1911 an diente der Prinz als Leutnant im Ersten Garderegiment zu Fuß in Potsdam. Im Ersten

Weltkrieg kam er auf verschiedenen Kriegsschauplätzen zum Einsatz; zum Kriegsende führte er das 5. Reserve-Gebirgsjäger-Bataillon. Die soldatische Überlieferung und die Freundschaft mit seinen alten Kameraden pflegte er lebenslang, namentlich als Schirmherr des Semper Talis Bundes, in dem sich die Angehörigen der alten Garde-, ihrer Reserve- und Nachfolgeregimenter zusammengeschlossen hatten. Nach dem Ersten Weltkrieg studierte er Forstwirtschaft und Nationalökonomie an der Universität Freiburg/Breisgau und verwaltete bis zum Tod seines Vaters das Gut Umkirch, das er 1914 von König Carol I. von Rumänien geerbt hatte.

Als sein Vater Fürst Wilhelm in der Weltwirtschaftskrise 1927 starb, übernahm er die Verwaltung des Fürstlichen Besitzes. Er ging mit Elan und großer Sachkunde daran, die Einbußen auszugleichen, die der Erste Weltkrieg und später vor allem die Folgen des Zweiten Weltkrieges – zwei Drittel des Besitzes gingen verloren – dem Hausbesitz zugefügt hatten. Dies geschah immer so, daß es auch der Bevölkerung ringsum in Stadt und Land zugute kam, so daß ihn Sigmaringen, Hechingen und noch manch andere Gemeinde zu ihrem Ehrenbürger ernannten. Sein Einsatz und seine Hilfsbereitschaft reichten aber weit über die engere Heimat hinaus; er unterstützte viele religiöse und kulturelle Einrichtungen. Vor allem die Klöster Beuron und Habsthal verdanken ihm beträchtliche Grundstücksschenkungen. Als Mäzen von Kunst und Geschichte machte er Schloß Sigmaringen der Öffentlichkeit in größerem Umfang zugänglich. Die Fürstlichen Sammlungen ließ er neu gestalten und ausbauen. Die Universität Freiburg ernannte ihn um seiner vielseitigen Kulturpflege willen zum Ehrensenator. Im September 1944 wurde die Fürstliche Familie zwangsweise innerhalb kurzer Zeit aus Schloß Sigmaringen ausquartiert und von der Gestapo auf Schloß Wilfingen interniert und Schloss Sigmaringen bis April 1945 zum Sitz der Vichy-Regierung unter Marschall Pétain gemacht.

Nach dem Zweiten Weltkrieg, als es um die staatliche Neuordnung der Bundesrepublik Deutschland ging, setzte sich Fürst Friedrich vehement für die Wahrung der Eigenstaatlichkeit Hohenzollerns im Gefüge des von ihm als notwendig erkannten Südweststaates ein. Das Fürstenpaar hatte vier Söhne und drei Töchter.

Friedrich Wilhelm Fürst von Hohenzollern
Chef der schwäbischen Linie
* Umkirch bei Freiburg/Breisgau, 3.2.1924,
Präs. d. Vereins Schles. MaltRr., Ebürger der Gemeinden Bayer. Eisenstein, Sigmaringen und Sigmaringendorf
∞ Sigmaringen 5.1.1951 Prinzessin Margarita zu Leiningen,
* Coburg 9.5.1932, † Überlingen 16.6.1996

Fürst Friedrich Wilhelm von Hohenzollern

- Chef der schwäbischen Linie -

Fürst Friedrich Wilhelm verbrachte Kindheit und Jugend in Schloss Umkirch. Er besuchte in Freiburg/Breisgau die Grundschule und das Gymnasium. Im Anschluss studierte er Betriebswirtschaft. Fürst Friedrich Wilhelm setzte das Werk seines Vaters fort. Sein soziales Engagement, sein Einsatz für Wirtschaft und Fremdenverkehr sowie für die Erhaltung der Arbeitsplätze im Hüttenwerk Laucherthal fanden öffentliche Anerkennung und Würdigung durch Verleihung der Ehrenbürgerschaft in Sigmaringen, Sigmaringendorf und Bayerisch Eisenstein. Ihn verband eine enge Freundschaft mit Prinz Louis Ferdinand von Preußen, dem vormaligen Chef des Gesamthauses.

Söhne:

a. **Erbprinz Karl Friedrich**, * Sigmaringen 20.4.1952, lic. rer. pol. , Hptm. d. Res.
∞ 17.5.1985 Alexandra Schenk Gräfin von Stauffenberg,
* Detmold 25.5.1960

Kinder:

a) Prinz Alexander, * New York 16.3.1987
b) Prinzessin Philippa, * New York 2.11.1988
c) Prinzessin Flaminia, * München 9.1.1992
d) Prinzessin Antonia, * München 22.6.1995

b. **Prinz Albrecht**, * Umkirch 3.8.1954, Kunsthändler

c. **Prinz Ferdinand**, * Sigmaringen 14.2.1960, Dipl.-Ing., Architekt
∞ 10.5.1996 Gräfin Ilona Kálnoky de Köröspatak, * Bruck a. d. Mur
9.6.1968, Keramikerin

Söhne:

Prinz Aloys, * Berlin 6.4.1999
Prinz Fidelis, * Berlin 25.4.2002

2) **Franz Joseph Prinz von Hohenzollern-Emden**
(Hinzufügung des Beinamens „Emden" für die Besatzung des Kreuzers
„Emden" gemäß A. KO. d. Deutschen Kaisers Wilhelm II.; durch Erlaß d.
Preuß. Ministeriums d. Innern vom 18.11.1933), * Heiligendamm,
Meckl. , 30.8.1891 (Zwillingsbruder d. Vorigen), † Tübingen 3.4.1964,
KorvKpt. d. Res. a. D.
∞ Sibyllenort 25.5.1921 Prinzessin Maria Alix von Sachsen, Herzogin zu
Sachsen, * Wachwitz bei Dresden 27.9.1901,
† Hechingen 11.12.1990

Wie sein Zwillingsbruder Fürst Friedrich-Wilhelm war auch Franz Joseph ein passio-
nierter Soldat. Als Marineoffizier auf dem Kleinen Kreuzer „Emden" machte er 1914
dessen kühne Fahrten im Indischen Ozean mit und geriet mit einem Teil der Besatzung in englische Gefangenschaft. Die „Emden" hatte sich mit ihrer 361 Mann starken Besatzung bei den Cocos-Insel ein schweres Seegefecht mit britischen Seestreit-
kräften geliefert. Dabei fielen 134 Seeleute. Der Rest ging, nachdem der Kreuzer auf
Land gesetzt worden war, in britische Kriegsgefangenschaft. Die Überlebenden durften später an ihren Familiennamen den Zusatz „Emden" fügen. Während des Zweiten Weltkrieges diente Franz Joseph als Korvettenkapitän der Reserve.

Seine persönliche Vorliebe galt der Malerei, in der er sich nach 1918 ausbilden ließ.
Die Stadt Hechingen fand in ihm einen verständnisvollen Förderer verschiedener
Kulturbereiche. Er wurde zum Ehrenbürger von Hechingen und Sigmaringen er-
nannt. Das Paar hatte drei Söhne und eine Tochter.

Ein weiterer Bruder des Fürsten Wilhelm (1864 bis 1927), **Prinz Karl Anton (1868
bis 1919)** kaufte 1909 **Gut und Burg Namedy** bei Andernach und **gründete** so eine
Seitenlinie der süddeutschen Hohenzollern am Rhein.

Burg Namedy

In dem landschaftlich besonders schönen Rheintalabschnitt Andernach-Brohl liegt die Burg Namedy mit dem gleichnamigen Ort. Mauerwerk und Vorburg stammen noch teilweise von der ursprünglichen Wasserburg, die wohl im 14. Jahrhundert von einem Ritter Husmann (Hausmann) von Andernach erbaut worden war. Am 27. September 1700 erwarb Johann Arnold v. Solemacher die Burg Namedy. 1896 kaufte Arnold Freiherr von Solemacher-Antweiler die Burg von dessen Nachkommen Wilhelm Linz zurück Unter ihm erfolgte der Umbau der zweigeschossigen Anlage zu einem Schloß mit drei Etagen, spitzen Türmen und zwei neuen Flügelbauten im neogotischen Stil. Bereits kurze Zeit später veräußerte er die Burg an eine Hotelgesellschaft, die 1908 in Konkurs ging. 1909 erwarb Prinz Karl Anton das „Rittergut Burg Namedy". Vor dem Umzug der Familie von Berlin nach Namedy kam es zu umfangreichen Baumaßnahmen.

Der fertiggestellte Anbau auf der Nordwestseite wurde wieder abgerissen und durch den Spiegelsaal mit Vestibül und zwei Rundtürmen im Jugendstil ersetzt. Unter dem Sohn von Karl Anton, Prinz Albrecht, erhielten Treppenturm und Südostturm neue Hauben im Barockstil.

Prinz Karl Anton, * Sigmaringen 1.9.1868, † Namedy 21.2.1919, Kgl. preuß. GenLt. z. D.

∞ Brüssel 28.5.1894 Prinzessin Josephine von Belgien, * Brüssel 18.10.1872, † Namur, Belgien 6.1.1958, (von 1935 bis 1958 Priorin im Kloster der Benediktinnerinnen in Namur)

Er wurde am 1. September 1868 in Sigmaringen als dritter Sohn des damaligen Erbprinzen und späteren Fürsten Leopold von Hohenzollern und seiner Frau Antoinette, Infantin von Portugal, geboren. Seine Kindheit verbrachte er in Schloß Benrath; in Düsseldorf und Sigmaringen besuchte er das Gymnasium. Nach der Reifeprüfung ging er zum Militär und trat beim Ersten Garde-Ulanen-Regiment in Potsdam ein. 1897 erfolgte die Beförderung zum Rittmeister. 1900 wurde er zum Großen Generalstab nach Berlin versetzt und ein Jahr später zum Major befördert. 1904/05 schickte ihn Kaiser Wilhelm II. zu einer Sondermission nach Japan, wo er u. a. sechs Monate als Beobachter am japanisch-russischen Krieg teilnahm. Seine Mission in Japan wurde zu einem vollen Erfolg und hat zu einem Abbau der Spannungen zwischen Japan und Deutschland geführt. Seine weitere militärische Laufbahn nahm ein jähes Ende, als er sich aus dienstlichen Gründen mit seinem Brigadekommandeur überwarf. Er nahm seinen Abschied, wurde aber von Kaiser Wilhelm II. als Offizier à la suite des 1. Garde-Dragoner-Regiments gestellt.

1894 hatte er seine Kusine, Prinzessin Josephine von Belgien geheiratet und war mit seiner Familie 1911 nach dem Umbau der Burg nach Namedy gezogen. Mit großem Engagement ging der Prinz an die Bewältigung der anstehenden Aufgaben. Und so wurde Burg Namedy schnell zu einem Mittelpunkt gesellschaftlicher und künstlerischer Ereignisse in der Region. Auch die Bevölkerung wurde dabei nicht vergessen: Die Dorfstraßen wurden gepflastert, eine Suppenküche für die Armen eingerichtet und die Schule neu gestaltet.

Schon von Jugend an hatte der Prinz seine musischen Talente gepflegt, aber sein Hauptinteresse galt der Malerei. Besonders hervorzuheben ist, daß er ein vorzüglicher Karikaturist – ein Novum in der damaligen Zeit – war, der manche Tafelrunden mit seinen gelungen Zeichnungen in Erstaunen setzte. In der Vorburg von Namedy richtete sich Prinz Karl Anton 1911 ein Atelier ein, in dem er regelmäßig arbeitete.

Am Ersten Weltkrieg nahm er als Kommandeur der 1. Garde-Infantrie-Division teil. Prinzessin Josephine richtete während des Krieges ein Lazarett mit 25 Betten in der Burg Namedy ein und leitete es zusammen mit ihren beiden Töchtern Stephanie und Marie-Antoinette bis zum Ende des Krieges. Ende 1918 kehrte Prinz Karl Anton nach Namedy zurück und schon bald darauf – am 21. Februar 1919 – starb er an einer Lungenentzündung.

Kinder:

    a.   **Prinzessin Stephanie,** * Potsdam 8.4.1895, † Diessen, Ammersee 7.8.1975
        ∞ 18.5.1920 Fürst Josef Ernst Fugger von Glött, * 26.10.1895, † Miesbach 13.5.1981

b. **Prinzessin Marie – Antoinette**, * Potsdam 23.10.1896,
† Bozen 4.7. 1965
∞ Überlingen 27.11.1924 Freiherrn Egon Eyrl von u. zu Waldgries
u. Liebenaich, * 6.12.1892, † Bozen 27.4.1981   (3 Kinder)

c. **Prinz Albrecht**, * Potsdam 28.9.1898, † Bühlerhöhe 30.7.1977,
Major d. Res. a. D., Landwirt u. Komponist
∞ Potsdam 19.5.1921 Ilse Margot v. Friedeburg, * Potsdam
28.6.1901, † Andernach 2.7.1988

Prinz Albrecht wurde am 28. September 1898 in Potsdam geboren. Von 1909 bis 1915 besuchte er die Rheinische Ritterakademie in Bedburg und schon in frühester Jugend zeigte sich seine große Begabung für die Musik. Er lernte Geige und Klavier, mit 14 Jahren entstanden erste Kompositionen. Als er 1977 starb, hinterließ er ein Werk von 52 Stücken. Seine Kompositionen (Lieder, Streichquartette, Klavierwerke) wurden nicht nur in Deutschland, sondern auch im Ausland aufgeführt. Die Beschäftigung mit der Musik wurde zu einem bestimmenden Faktor in seinem Leben. Diese Passion hat seine Frau, selbst eine begabte Pianistin, mit ihm geteilt. Er hat ferner über verschiedene Themen aus der Geschichte der Musik bzw. des Hauses Hohenzollern geschrieben.

Trotz seiner musischen Interessen, schlug er zunächst wie sein Vater die militärische Laufbahn ein und diente im Ersten Weltkrieg als Leutnant beim Ersten Garderegiment zu Fuß. In den Jahren 1919 bis 1921 hatte er in Bonn Landwirtschaft und in Köln Volkswirtschaft studiert, um sich das nötige Fachwissen anzueignen. 1921 heiratete Prinz Albrecht Ilse Margot von Friedeburg und in dem gleichen Jahr übernahm er die Bewirtschaftung des Gutes Namedy, wo er sich vor allem intensiv um die Anlage von Obstkulturen kümmerte.

Im Zweiten Weltkrieg wurde der Major der Reserve mehrfach verwundet und im August 1944 in Bukarest aufgrund des Prinzen-Erlasses aus der Wehrmacht entlassen. Auf Grund des politischen Umschwung in Rumänien 1944 verbrachte er zwei Jahre in rumänischer Kriegsgefangenschaft, bevor er 1946 nach Hause zurückkehren konnte. Hier wurde er von den Franzosen verhaftet und nach Cochem gebracht, wo er sich bis 1947 aufhalten mußte. 1948 konnte er seinen Betrieb wieder übernehmen, den seine Frau während seiner Abwesenheit verwaltet hatte. In den späteren Jahren bekam Namedy die negativen wirtschaftlichen Folgen zu spüren, die gerade die kleinen landwirtschaftlichen Betriebe zunehmend belasteten.

Prinz Albrecht hat sich Zeit seines Lebens auf kommunaler Ebene engagiert und zahlreiche Ehrenämter innegehabt. Nach seinem ersten Herzinfarkt 1964 legte er alle Ämter nieder und konzentrierte sich auf die Überarbeitung seiner musikalischen Werke. Am 30. Juli 1977 starb Prinz Albrecht während eines Kuraufenthalts auf der Bühlerhöhe in Baden-Baden.

Kinder:

(1)   **Prinzessin Josephine**, * Burg Namedy 15.2.1922
      ∞ Burg Namedy 3.6.1967 Graf Harald v. Posadowsky-Wehner,
      Frhr. v. Postelwitz, * Kiel 25.9.1910, † Bonn 8.9.1990, Dr. rer. pol.,
      Dr. jur. h. c., Dipl.-Volkswirt, GenKonsul a. D.
(2)   **Prinzessin Luise-Dorothea**, * Burg Namedy 9.2.1924,
      † Bad Kreuznach 11.11.1988
      ∞ Burg Namedy 11.6.1947 Graf Egbert von Plettenberg,
      * Düsseldorf 15.10.1917, † Bad Kreuznach 1.11.1995,
      Weingutbes., Kptlt. a. D.   (7 Kinder)
(3)   **Prinzessin Rose-Margarete**, * Burg Namedy 19.2.1930
      ∞ Burg Namedy 15.9.1955 Edgar Pfersdorf, * Wiesbaden
      22.3.1920, † Neuss 25.3.1997, Direktor a. D., OLt. a. D.   (4 Kinder)
(4)   **Prinz Godehard-Friedrich**, * Koblenz 17.4.1939, † Koblenz 21.5.2001
      Lt. d. Res., Bankkaufm.
      ∞ München 29.8.1971 Heide Hansen, * Neunkirchen 2.5.1943

Kinder:

Prinz Carlos, * München 4.12.1978
Prinzessin Anna, * Bonn 19.8.1983

Auch ihm – dem gelernten Bankkaufmann – war die Begeisterung für die Musik in die Wiege gelegt. Schon als Jugendlicher war er als ständiger Gast in den Konzertsälen und der Oper in München zu finden. Er gehörte zur Musikszene und gewann im Laufe der Jahre viele Freunde unter den Musikern. Nach dem Tod seiner Mutter 1988 übernahm Prinz Godehard Burg Namedy und ging – zusammen mit seiner Frau Heide – mit tatkräftiger Hilfe eines Fördervereins und unterstützt vom Landesamt für Denkmalpflege daran, die Burg Namedy zu renovieren. Als Namedy in neuem Glanz erstrahlte, konnte er seinen Jugendtraum verwirklichen und von 1991 an die Burg zu einem überregional anerkannten Musikzentrum machen.

Prinz Godehard verstand es von Anfang an, sein Programm mit leichter Hand zu mischen: Klassik, Jazz, Kabarett, Theater und Lesungen sind feste Bestandteile des Jahresprogramms. Prinz Godehard suchte auch von Anfang an den Kontakt zu den Veranstaltern vor Ort, um mit ihnen spezielle Programme zu organisieren. Bis Ende 2000 gab es 225 Veranstaltungen mit mehr als 27 000 Gästen. Prinz Godehard starb 2001 im Alter von 61 Jahren. Nach seinem Tod setzt seine Frau Heide das Werk mit großem Engagement in seinem Sinne fort.

Grabstätten
der brandenburgisch-preußischen Hohenzollern

Münster von Heilbronn

Münster Heilsbronn (bei Ansbach, Mittelfranken)

Kurfürst Friedrich I., † 20.9.1440
Kurfürst Friedrich II., † 10.2.1471
Kurfürst Albrecht Achilles, † 11.3.1486

Berliner Dom

Berliner Dom

Die Geschichte des Berliner Doms reicht bis ins 15. Jahrhundert zurück und ist eng mit dem Aufstieg der Hohenzollern verbunden. Der heutige Dom hatte zwei Vorgängerbauten, einmal die 1465 südlich des Schlosses errichtete Dominikanerkirche, zum anderen den barocken Dom, der zwischen 1745 und 1747 von Johann Boumann d. Ä. am jetzigen Standort errichtet wurde. Zwischen 1817 und 1822 wurde er im Auftrag von König Friedrich Wilhelm III. durch den Baumeister Karl Friedrich Schinkel im klassizistischen Stil umgebaut.

1894 beauftragte Kaiser Wilhelm II. den Architekten Julius Raschendorf einen mit einer gewaltigen Kuppel gekrönten Dom zu errichten. Der alte Dom wurde abgerissen und an seine Stelle trat ein Kirchenbau, der als protestantische Antwort auf den Petersdom in Rom konzipiert wurde. Auf Wunsch von Kaiser Wilhelm II. entstand zwischen 1894 und 1905 ein im Stil der italienischen Hochrenaissance beeinflusster Kuppelbau, der mit einer Länge von 114 Metern und einer Breite von 73 Metern den größten protestantischen Zentralbau Deutschlands verkörperte.

Im Dom befinden sich neben dem Hauptaltar, 1850 von Friedrich August Stüler geschaffen, die Hohenzollerngruft, die etwa 100 Sarkophage aus fünf Jahrhunderten enthält. Im Zweiten Weltkrieg wurde der Dom sehr stark beschädigt. Erst 30 Jahre später – 1975 – begann in der damaligen DDR der Wiederaufbau, der 1993 abgeschlossen wurde. Der Dom wurde dabei in seiner Höhen- und Längenausdehnung stark vermindert, jedoch die Tauf- und Traukirche, das Kaiserliche Treppenhaus, die Predigtkirche und die Hohenzollerngruft nahezu orginalgetreu wiederhergestellt.

Hohenzollerngruft

Berliner Dom

Gruft

Elisabeth von Brandenburg, Herzogin von Braunschweig-Lüneburg, † 1.9.1595
Johann Georg, Kurfürst von Brandenburg, † 18.1.1598
Elisabeth von Anhalt, 3. Gemahlin des Kurfürsten Johann Georg, † 5.10.1607
Joachim Friedrich, Kurfürst zu Brandenburg, † 28.7.1608
Catharina von Brandenburg, 1. Gemahlin des Kurfürsten Joachim Friedrich, † 10.10.1602
Heleonora von Preussen, 2. Gemahlin des Kurfürsten Joachim Friedrich, † 9.4.1607
Johann Sigismund, Kurfürst von Brandenburg, † 23.12.1619
August Friedrich, Sohn des Kurfürsten Joachim Friedrich, † 3.5.1601
Albrecht Friedrich, Sohn des Kurfürsten Joachim Friedrich, † 13.12.1600
Albrecht, Sohn des Markgrafen Johann Georg, Herzog zu Jägerndorf, † 10.2.1620
Joachim, Sohn des Kurfürsten Joachim Friedrich, † 20.6.1600
Ernst, Sohn des Kurfürsten Joachim Friedrich, † 28.9.1613
Anna Sophia von Brandenburg, Herzogin von Braunschweig-Lüneburg, † 29.12.1659
Joachim Sigismund, Herrenmeister zu Sonnenb., Sohn des Kurfürsten Joh.-S., † 5.3.1625
Albrecht Christian, Sohn des Kurfürsten Johann Sigismund, † 24.5.1609

Elisabeth Charlotte von der Pfalz, Gemahlin des Kurfürsten Georg Wilhelm, † 24.4.1660
Catharina von der Pfalz, Tochter des Kurfürsten Friedrich IV. von der Pfalz, † 25.2.1665
Johann Sigismund, Sohn des Kurfürsten Georg Wilhelm, † 9.11.1624
Georg, Sohn des Markgrafen Joh.-G. von Brandenburg-Jägerndorf, † 20.11.1614
Catharina, Tochter des Markgrafen Joh.-G. von Brandenburg-Jägerndorf, † 22.10.1615
Ernst, Sohn des Markgrafen Joh.-G. von Brandenburg-Jägerndorf, † 4.10.1642
Louisa von Oranien, 1. Gemahlin des Kurfürsten Friedrich Wilhelm, † 18.6.1667
Heinrich, Zwillingssohn des Kurfürsten Friedrich Wilhelm, † 26.11.1664
Amalia, Zwillingstochter des Kurfürsten Friedrich Wilhelm, † 1.2.1665
Wilhelm Heinrich, Kurprinz, Sohn des Kurfürsten Friedrich Wilhelm, † 24.10.1649
Dorothea, Tochter des Kurfürsten Friedrich Wilhelm, † 11.9.1676
Ludwig, Sohn des Kurfürsten Friedrich Wilhelm, † 7.4.1687
Philipp Wilhelm, Markgraf von Brandenburg-Schwedt, † 19.12.1711
Friederike, Tochter des Markgrafen Philipp Wilhelm, † 7.2.1701
Georg Wilhelm, Sohn des Markgrafen Philipp Wilhelm, † 14.4.1704
Carl Philipp, Markgraf von Brandenburg-Schwedt, † 23.7.1695
Louise Wilhelmine, Tochter des Markgrafen A.- F. von Brandenburg-Schwedt, † 19.2.1726
Carl Albrecht, Herrenmeister zu Sonneburg, † 22.6.1762
Friedrich, Sohn des Markgrafen Albrecht Friedrich von Brandenburg-Schwedt, † 10.4.1741
Elisabeth von Hessen-Kassel, 1. Gemahlin von König Friedrich I., † 7.7.1683
Carl Emil, Kurprinz, Sohn des Kurfürsten Friedrich Wilhelm, † 7.12.1674
Friedrich August, Sohn des Königs Friedrich I., † 31.1.1686
Königin Sophie Dorothea, Gemahlin des Königs Friedrich Wilhelm I., † 28.6.1757
Friedrich Ludwig, Sohn des späteren Königs Friedrich Wilhelm I., †15.5.1708
Friedrich Wilhelm, Sohn des späteren Königs Friedrich Wilhelm I., † 31.7.1711
Ludwig Carl (?), Sohn des Königs Friedrich Wilhelm I., † 31.8.1719
Charlotte Albertine, Tochter des Königs Friedrich Wilhelm I., † 10.6.1714
Königin Elisabeth Christine (?), Gemahlin von König Friedrich II., † 13.1.1797
Anna Amalie (?), Tochter des Königs Friedrich Wilhelm I., † 30.3.1787
Friedrich Heinrich, Sohn des Prinzen von Preußen August Wilhelm, † 26.5.1767
Wilhelmine (?), Gemahlin des Prinzen Friedrich Heinrich Ludwig, † 8.10.1808
August Wilhelm, Prinz von Preußen, Sohn des Königs Friedrich Wilhelm I., † 12.6.1758
Luise Amalie, Gemahlin des Prinzen von Preußen August Wilhelm, † 13.1.1780
Georg Carl, Sohn des Prinzen August Wilhelm, † 15.2.1779
König Friedrich Wilhelm II., Sohn des Prinzen von Preußen August Wilhelm, † 16.11.1797
Königin Friederike Louise, 2. Gemahlin von König Friedrich Wilhelm II., † 25.2.1805
Namenloser Prinz, Sohn des Königs Friedrich Wilhelm II., † 29.11.1777
Friederike Christiane, Tochter des späteren Königs Friedrich Wilhelm II., † 14.6.1773
Friedrich Ludwig, Sohn des späteren Königs Friedrich Wilhelm II., † 28.12.1796
Friedrich Wilhelm Carl, Sohn des Prinzen Friedrich Ludwig Carl, † 6.4.1798
August Ferdinand, Sohn des Königs Friedrich Wilhelm I., † 2.5.1813
Anna Elisabeth Louise, Gemahlin des Prinzen August Ferdinand, † 10.2.1820
Friedrich Paul Heinrich, Sohn des Prinzen August Ferdinand, † 2.12.1776
Friedrich Heinrich Emil, Sohn des Prinzen August Ferdinand, † 8.12.1773
Friederike Elisabeth, Tochter des Prinzen August Ferdinand, † 28.8.1773
Heinrich Friedrich Carl, Sohn des Prinzen August Ferdinand, † 8.10.1790
Friedrich Christian Ludwig genannt Louis Ferdinand,
Sohn des Prinzen August Ferdinand, † 10.10.1806

Friedrich Wilhelm Thassilo, Sohn des Prinzen Friedrich Wilhelm Carl, † 9.1.1814
Friedrich Wilhelm Heinrich, Sohn des Prinzen August Ferdinand, † 19.7.1843
Namenlose Prinzessin, Tochter des Königs Friedrich Wilhelm III., † 7.10.1794
Friederike Auguste Caroline, Tochter des Königs Friedrich Wilhelm III., † 30.3.1800
Friedrich Julius Ferdinand, Sohn des Königs Friedrich Wilhelm III, † 14.1.1806
Friedrich Thassilo Wilhelm, Sohn des Prinzen Friedrich Wilhelm Carl, † 10.1.1813
Namenloser Prinz, Sohn des Prinzen Friedrich Heinrich Albrecht, † 4.12.1832
Philippine Auguste, Gemahlin des Landgrafen Friedrich II. von Hessen-Kassel, † 1.5.1800
Friedrich Wilhelm Ferdinand, Prinz von Hessen-Kassel, † 1806
Namenloser Prinz, Sohn des Königs Wilhelm I. der Niederlande, † 1806
Maria Anna, Gemahlin des Prinzen Friedrich Wilhelm Carl, † 14.4.1846
Friedrich Heinrich Carl, Sohn des Königs Friedrich Wilhelm II., † 12.7.1846
Friedrich Wilhelm Waldemar, Sohn des Kronprinzen Friedrich Wilhelm Carl, † 17.3.1849
Friedrich Wilhelm Carl, Sohn des Königs Friedrich Wilhelm II., † 28.9.1851
Anna Victoria , Tochter des Prinzen Friedrich Carl, † 6.5.1858
Heinrich Wilhelm Adalbert, Sohn des Prinzen Friedrich Wilhelm Carl, † 6.6.1873
Marie Dorothea, Gemahlin des Markgrafen A.-F. von Brandenburg-Schwedt, † 17.1.1743
Albrecht Friedrich, Markgraf von Brandenburg-Schwedt, † 21.6.1731
Friedrich Carl Wilhelm, Sohn des Markgrafen A. F. von Brandenburg-Schwedt, † 15.6.1707
Friedrich Wilhelm, Sohn des Markgrafen A. F. von Brandenburg-Schwedt, † 12.9.1744
Christian Ludwig, Markgraf von Brandenburg-Schwedt, † 3.9.1734
Friedrich Wilhelm Ludwig, Sohn des Prinzen Friedrich Wilhelm, † 4.1.1896
Namenlose Prinzessin, Tochter des Prinzen Adalbert, † 4.9.1915
Friedrich Wilhelm, Markgraf von Brandenburg-Schwedt, † 4.3.1771
Sophie Dorothea, Gemahlin des Markgrafen Friedrich Wilhelm, † 13.11.1765
Friedrich Heinrich , Markgraf von Brandenburg-Schwedt, † 12.12.1788
Friedrich Wilhelm, Der Große Kurfürst, † 9.5.1688
Dorothea, 2. Gemahlin des Kurfürsten Friedrich Wilhelm, † 16.8.1689
Königin Sophie Charlotte, 2. Gemahlin des späteren Königs Friedrich I., † 1.2.1705
König Friedrich I., † 25.2.1713

Mausoleum Schloss Charlottenburg, Berlin:

König Friedrich Wilhelm III., † 7.6.1840 und Königin Luise, † 19.7.1810

Auguste Fürstin von Liegnitz, † 5.6.1873

Kaiser Wilhelm I., † 9.3.1888 und Kaiserin Augusta, † 7.1.1890

Friedenskirche in Potsdam:

König Friedrich Wilhelm I., † 31.5.1740

König Friedrich Wilhelm IV., † 2.1.1861 und Königin Elisabeth, † 14.12.1873

Kaiser Friedrich III., † 15.6.1888 und Kaiserin Viktoria, † 5.8.1901

Schloß Sanssouci

Obere Terrasse

König Friedrich II. (Friedrich der Große), † 17.8.1786

Schloß Sanssouci

Antikentempel im Park

Kaiserin Auguste Victoria, † 11.4.1921

Kaiserin Hermine, † 7.8.1947

Prinz Joachim, † 18.7.1920 (jüngster Sohn von Kaiser Wilhelm II.)

Prinz Wilhelm, † 26.5.1940 (Enkel von Kaiser Wilhelm II.)

Prinz Eitel Friedrich , † 8.12.1942 (Sohn von Kaiser Wilhelm II.)

Haus Doorn/ Niederlande:

Kaiser Wilhelm II., † 4.6.1941

Burg Hohenzollern

Auf der Bastei

Kronprinz Wilhelm, † 20.7.1951 und Kronprinzessin Cecilie, † 6.5.1954

Prinz Oskar, † 27.1.1958 und Prinzessin Ina Maria, † 17.9.1973

Aschenurnen von Prinz Hubertus, † 8.4.1950

Prinz Friedrich, † 20.4.1966

Prinzessin Cecilie, † 21.4.1975

Prinzessin Alexandrine, † 2.10.1980

Burg Hohenzollern

In der Krypta

Prinzessin Kira, † 8.9.1967

Prinzessin Xenia, † 18.1.1992

Prinz Louis Ferdinand, † 25.9.1994

Begräbnisstätte des preußischen Königshauses bei der Kirche Maria Zell, Hechingen-Boll:

Prinz Franz Joseph, , † 23.1.1975 und Prinzessin Eva Maria, † 1.3.1987

Literaturverzeichnis

Den Toom, Friedhild, Wilhelm II. in Doorn, Hilversum 2002

Deutsches Historisches Museum und die Stiftung Preußische Schlösser und Gärten Berlin-Brandenburg, Preußen 1701-eine preußische Geschichte-Katalog, Berlin 2000

Fischer-Fabian, S. , Preußens Gloria, Locarno 1979

Glückler, Patrick, Burg Hohenzollern, Hechingen, 2. Auflage 2000

Haffner, Sebastian, Preußen ohne Legende, Hamburg, 3. Auflage 1979

Mommsen, Wolfgang, War der Kaiser an allem Schuld? , München 2002

Preußen, Friedrich Wilhelm von ,Hrsg. , Preußische Könige, München 1972

Preußen, Friedrich Wilhelm von, Das Haus Hohenzollern 1918-1945, München 1985

Preußen, Louis Ferdinand von, Im Strom der Geschichte, 2. erweiterte und neue durchgesehene Ausgabe des 1968 erschienenen Titels „Die Geschichte meines Lebens", München 2. Auflage 1985

Ritthaler, Anton, Die Hohenzollern, Bonn 1961

Straub, Eberhard, Eine kleine Geschichte Preußens, Berlin 2001

Stribrny, Wolfgang, Der Weg der Hohenzollern, Limburg an der Lahn 1981

Bildnachweis

Der Bildnachweis gibt die uns bekannten Rechtsinhaber an: